참으로
마음이 행복해지는 책

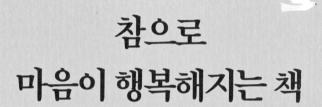

참으로
마음이 행복해지는 책

걱정과 고민이 많은 당신에게

가나모리 우라코 지음 | 최윤아 옮김

다른
상상

지금부터 행복해집니다

이 책을 읽는 여러분에게 우선 감사드립니다. 이 책 한 권에 담긴 제 이야기에 눈길을 주셔서 감사합니다. 이번이 저와의 첫 만남이신가요? 그렇다면 반갑습니다. 잘 부탁드립니다. 처음이 아니라면, 또 만났군요. 이번에도 재밌게 읽어주세요. 제 인사에 분명 마음속으로 대답해주고 있을 분들에게 진심으로 감사드립니다.

이 책은 제가 여러분에게 보내는 편지 같은 것이라고 생각해준다면 좋겠습니다. 편지 속에는 시간과 공간을 초월해버리는 이야기가 들어 있잖아요. 일단 펼쳐서 읽기만 하면 그 시간과 공간으로 데려다주니까요. 이 책이 나의 시간과 공간을 뛰어넘어 당신에게 전해졌습니다. 그리고 당신이 이것을 꺼내봐준 덕분에 우리가 만날 수 있게 됐습니다. 저는 이것만으로도 너무나 감사합니다.

감사란 결코 과장스러운 일도, 번거로운 일도 아닙니다. 그저 한마디, '감사합니다'라고 말하는 것만으로도 마음을 전할 수 있으니까요. 제가 이 책에서 당신에게 말하고 싶은 건 '서로의 만남에 대한 감사'입니다. 이 한마디에 거의 모든 것이 나타나 있다고 생각해도 좋습니다.

당신이 자신의 마음과 만날 수 있다는 것에 대한 감사. 당신이 당신의 부모님과 만난 것에 대한 감사. 당신이 둘도 없는 친구와 만난 것에 대한 감사. 당신이 평생의 반려자가 될지 모를 누군가와 맺어질 수 있음에 대한 감사. 시간이 지나서 당신의 사랑을 한 몸에 받고 자랄 아이와의 만남에 대한 감사. 기억하세요. 그런 모든 감사는 당신 자신의 마음에 감사하는 데서부터 시작된다는 것을요.

당신은 지금 그렇게 그곳에 있는 당신 자신을 좋아하나요? 자신을 언제나 좋아하는 사람, 그것도 아주 많이 좋아하는 사람은 정말 행복한 사람입니다. 자신을 좋아하는 사람은 주위 사람들도 스스럼없이 좋아합니다. 시간이 지나서 멀어지고 싶다고 생각하더라도 처음에는 사람의 좋은 점을 보고 좋아합니다. 사람을 좋아하는 마음, 거기서 좋은 에너지가 뿜어져 나옵니다. 파동을 일으켜 다른 사람들에게도 전해집니다.

그러니까 자신을 정말로 좋아하는 사람은 주위의 모든 사람이 좋아하게 되는 겁니다. 자신을 좋아할 수 있는 사람은 이 말에 대해서 의심하지 않습니다. 자신을 좋아하지 않는 사람, 지금 그렇게 거기 있는 자기 자신을 좋아하지 못하고 있는 사람은 이 세상에서 좋은 것보다 싫은 것이 훨씬 많다고 생각하기 쉽습니다. 주위 사람들에게서도 싫은 면만을 찾게 되지요.

당신도 기억을 더듬어보세요. 어떤 일 때문에 기분이 좋지 않거나 우울할 때, 또 컨디션이 좋지 않을 때는 주위의 모든 게 다 귀찮게 느껴지곤 하죠? 대수롭지 않은 일에도 기분이 상해서 남을 헐뜯거나, 화풀이하거나, 세상을 원망하기도 하지요? 자신을 싫어하는 사람은 그런 식으로 '싫어, 싫어' 하는 파동을 주위에 발산합니다.

좋아한다는 것은 사랑입니다. 사랑은 사랑의 파동을 발

산하기 때문에 사랑을 모읍니다. 사랑은 풍부한 에너지 그 자체이기 때문에 당신을 앞으로 나아가게 합니다. 크고 작은 일들을 극복하게 해주는 것도 역시 사랑입니다.

싫어하는 감정은 사랑의 에너지를 부정합니다. 꿈과 희망도 마치 그 토대를 침식시키듯 흐물흐물 무너뜨리고 마는 것이 사랑을 부정하는 마음입니다. 오래도록 그런 마음을 품고 있다면 자신을 포함한 모든 사람을 무시하고 미워하게 됩니다.

하나의 흐름이 있다는 걸 눈치채셨겠죠? 자신을 좋아하는 것, 자신을 사랑하는 것이야말로 다른 누군가를 좋아하는 일의 처음입니다. 자신을 제대로 사랑할 수 있는 사람이어야 다른 누군가도 필요한 만큼 충분히, 넉넉한 마음으로 사랑할 수 있습니다.

사랑하고 사랑받는 사람은 그 사랑의 에너지에 힘입어 어떤 꿈이나 희망도 실현해낼 수 있습니다. 꿈과 희망을 품고 앞으로 나아가며 반드시 원하는 목표를 이룰 수 있습니다.

그래서 이 책에서 내가 가장 강하게 주장하고 싶은 바는 '자신을 좋아하라'입니다.

자신을 좋아하는 일이야말로 진정한 의미의 행복으로 걸어나가는 방법입니다. 이 생각은 특별히 새로울 건 없습니다. 나뿐만 아니라 교육자, 사상가, 예술가, 철학자 등 셀 수 없이 많은 이들이 말해온 것이니까요.

중요한 건 이 말을 실제로 일상에서 실천하는 것입니다. 나 자신을 사랑하는 마음으로 시작해서 오늘 처음 만난 사람, 오며가며 만나는 이웃, 자주 보는 친구, 소중한 가족을 사랑하는 것입니다.

이 책에서 저는 제 이름을 딴 '우라코 이론'을 소개합니다. 새로운 이론이 아니라 사랑하고, 신뢰하고, 포용하면 무엇이든지 풍요롭고 행복한 방향으로 가기 시작한다는 진리를 묶어 표현한 말일 뿐입니다. 단, 우라코 이론은 결코 탁상공론이 아닙니다. 저는 물론 이 책에 실린 수많은 실천 사례들이 뒷받침하고 있는 이론입니다.

'사랑하는 사람은 사랑받는다. 사랑하고 사랑받는 사람은 풍부한 심적 에너지를 갖게 된다. 풍부한 심적 에너지는 육체적 활력의 원천이 되고, 물질적 풍요를 불러들이는 토대

가 되어준다. 그리고 심신의 풍요는 꿈과 희망을 실현하는 과정을 정돈해준다.'

사실 이런 건 새삼스럽게 말할 것도 없는 당연한 이론인데 사람들은 때때로 잊어버리곤 합니다. 하지만 이제 여러분은 괜찮습니다. 이 책을 읽게 됐으니까요. 이제 스스로를 사랑하고 다른 사람들을 사랑하여 행복으로 가득한 삶을 살게 될 것입니다.

차례

5장 행복을 끌어당기는 주문

1장

◇

괜찮아, 그 모습 그대로

스스로에게
어리광을 부려보자

어리광을 부린다는 것에 대해 당신은 어떤 이미지를 갖고 있습니까? 좋은 이미지인가요, 아니면 나쁜 이미지인가요? 사실 저는 사람들이 일반적으로 '어리광을 부리는 것'에 대해 부정적으로 생각하고, 어리광에 대해 엄격한 사람이 적지 않다는 사실이 마음에 걸립니다. 어린아이에게조차 이렇게 말하니까요.

"어리광 부리지마."

"자꾸 응석 부리지마."

어른에게는 더욱 심하게 말하곤 하죠. 이런 식으로 말하는 걸 보면 어리광을 부린다는 게 정말 나쁜 것처럼 느껴집니다. 하지만 저의 우라코 이론에서는 어리광 부리는 걸 좋게 봅니다. 지나치면 좀 곤란하지만요. 우라코 이론에서는 어리광을 잘 부리는 것이 인생을 잘 사는 비결이라고 봅니다. 어리광을 잘 받아주는 것 또한 인생을 잘 사는 비결로 보죠.

먼저 자신에게 어리광을 잘 부리고 또 잘 받아주는 것이 요령입니다. 바꿔 말하면 자신의 기분을 있는 그대로 인정하고 이해해주는 것입니다.

예를 들어 아침에 아직 이불 속에 있는 당신이 잠에서 덜 깬 상태에 있는 당신의 의식에게 "좋은 아침" 하고 중얼거렸을 때 당신의 의식이 "좀 더 자고 싶어"라고 한다면 "그래, 좋아. 포근한 이불 속에서 조금만 더 있자" 하고 그 기분에 동의해주는 겁니다. 그런 것이 자신에게 어리광 부리는 마음, 자신에게 어리광 부리는 자신을 받아주는 마음입니다.

사람이란 누구나 그렇지 않습니까? '이렇게 해야 해, 마땅히 이렇게 하는 게 옳아, 지금 바로 행동에 옮겨야 해, 참아야 해' 등 이성적으로 분명히 알고 있는데 몸과 마음이 따라주지 않을 때가 많습니다.

그럴 때 너무 어깨에 힘을 주고 애써 '꼭 해야만 해'라는 강박관념에 시달리면 마음에 큰 부담이 됩니다. 그러다가 사람의 일인지라 제대로 잘 안 풀리거나 해내지 못하면 자신을 용서할 수 없다는 마음이 쌓이고, 자책하게 될지도 모릅니다. 책망을 하기 위해서 해내자고 마음먹은 것이 아니지 않습니까. 그리고 잘 생각해보면 알 수 있습니다. 꼭 어떻게 해야 한다든지 참아야 한다든지 하는 건 큰 가치가 없는 경우가 더 많습니다.

분명 이 세상을 잘 살아가기 위해서는 정신을 똑바로 차리고 행동해야 할 때도 있습니다. 하지만 당신이 지금까지 지내온 나날을 돌아보세요. 정말로 중요한 시기에는 자기도 모르는 사이에 자연스럽게 정신 차리고 해오지 않았나요?

"난 아니야. 지금까지 무엇 하나 제대로 한 적이 없어."

이런 생각을 갖고 있는 사람이 있다면 그 사람은 자신을 과소평가하고 있는 겁니다. 그때그때 필요한 노력을 해오지 않았다면 지금까지 올 수 없었을 테니까요. 지금 그렇게 건재하다는 건 분명 순간순간을 잘 극복했다는 증거니까요.

사람은 게으름 피우고 싶은 자신의 어리광을 받아주면 아주 잠시 어리광 부린 것으로 만족합니다. 잠시 어리광을 부린 것으로 만족을 하면 '이제 그만 움직여볼까, 한 번 해볼까' 하는 마음이 발동하기 시작합니다.

반대로 '게으름 피워선 안 돼, 힘내!' 하고 자신을 채찍질만 해대면 왜 그런지 결단을 내리지 못하고 머릿속이 안개로 꽉 찬 것처럼 언제까지나 꾸물대고만 있기 일쑤입니다. 그렇게 꾸물대고 있다가 결국 "나는 못해, 나는 구제불능이야" 하고 자신을 비하하거나 책망하게 되는 것입니다.

이것은 엄청난 손해입니다. 그 순간 게으름을 피우거나

어리광을 부리고 싶은 것은 누가 뭐래도 어쩔 수 없는 일 아닙니까. 그럴 바에야 처음부터 봐주는 게 낫습니다.

사람의 심리란 정말 신기합니다. 자신의 기분을 인정해야 마음이 편해집니다. 마음이 편해지면 '이제 슬슬 움직여볼까' 하는 여유와 활력도 생겨나게 됩니다.

어리광 부리기, 인정하기, 마음이 편안해짐, 여유와 활력이 생겨남. 이 메커니즘을 직접 따라가보세요.

자기 자신에게 어리광을 부려봅시다. 게으름을 피우고 싶다면 조금은 게으름 피워봅시다. 울고 싶다면 울어봅시다. 웃고 싶다면 웃어봅시다. 그러면 나도 모르는 사이에 무언가 해소되어 마음에 여유가 생겨납니다. 마음에 여유가 있는 당신은 누구에게도 어리광을 잘 부릴 줄 알게 되고, 누군가의 어리광도 역시 잘 받아줄 줄 아는 사람이 됩니다.

주위를 보면 지나치게 응석 부리는 사람이 꼭 하나씩은 있습니다. 작은 일을 하더라도 호들갑에, 엄살에, 보고 있으면 나까지 피곤해지죠. 이런 사람은 스스로 자신의 어리광을 허용하지 않는 사람입니다. 어떤 일을 시작하기도 전에 자기 자신에게 '안 된다', '노력이 부족하다', '제대로 해내지 못할 것이다'라고 책망할 뿐 스스로를 인정하지 않기 때문에, 누구에게라도 인정받고 싶어서 타인에게 일이든 감정이든 의존하고 마는 것입니다.

오늘의 당신은
오늘의 흐름에 맡겨보자

감각, 이것을 일반적으로는 센스라고 하는데, 센스라는 말만 으로는 제가 말하고 싶은 감각의 의미를 제대로 표현할 수 없을 것 같은 느낌도 들지만 일단은 센스라고 해도 괜찮을 듯 합니다.

사람의 센스란 때에 따라 변합니다. 일상에서 센스의 스 위치가 자연스럽게 켜지는 사람이라면 어떤 상황에든 유연 하게 대응할 수 있어서 자신이 원하는 대로 일을 컨트롤해 나가기 쉽습니다. 반면 센스의 스위치가 고장난 것처럼 제

때 발휘되지 못하는 사람이라면 심하게 움츠러들어 일이 매끄럽게 흘러가지 않는다는 느낌을 받기도 합니다.

제가 하고 싶은 말은, 어떤 상황에서든 당신의 센스를 그대로 믿으라는 것입니다. 자신의 느낌을 우선 그대로 받아들이면 되는 것입니다.

어떤 사람이 싫다면, 싫다고 느끼는 센스를 믿어도 됩니다. 억지로 자신을 구슬러서 싫다는 감정을 억제할 필요는 없습니다. 좋다고 생각하면 좋아하면 되고, 아무래도 상관없다는 생각이 들면 상관없는 겁니다. 싫건 좋건 그 순간의 일일 뿐 영원히 그런 건 아니니까요.

어제는 싫었던 것이 오늘은 좋아질지도 모르고 내일이 되면 더 좋아질지도 모르거든요. 그런 자연스러운 흐름에 자신을 완전히 맡겨두는 것이 편합니다. 단, 기억해두어야할 것이 있습니다. '자신의 센스를 결정짓지 않는 것' 바로 이 것입니다.

'저런 사람과 나는 절대로 맞지 않아'라든지 '저런 음식은 절대로 먹기 싫어' 또는 '이런 옷은 나한테 절대로 안 어울려'처럼 미리 결정해놓지 말아야 한다는 것입니다.

혹시 별로 마음에 들지 않던 사람과 우연한 계기로 아주 친해진 경험 없으신가요? 싫어하던 음식을 우연히 먹었을 때 생각보다 맛있어서 좋아진 경우도 있을 수 있겠죠. 이전에는 안 어울린다고 생각했던 스타일의 옷이 정말 마음에 들 때가 있지 않습니까?

바꾸어 말하면 그때그때 느끼는 자기의 센스를 전적으로 믿되 자신의 센스가 어디까지 뻗어 나갈지 그 가능성을 제한하지 말아야 한다는 것입니다.

오늘 당신이 싫다고 느끼는 것이나 싫다고 느끼는 사람은 싫어해도 괜찮습니다. 억지로 좋아할 필요는 없습니다. 하지만 내일이면 좋아하는 것이 다섯 가지는 늘어날 수도 있고, 그 덕분에 일상에서 느끼는 감정이 더 풍부해질 수 있으며, 나도 모르게 우물 안 개구리처럼 가둬놓았던 자기 자신을 자유롭게 풀어줄 수 있다는 가능성을 믿는 것이 중요합니다. 거기서부터 행복이 시작되니까요.

음식이든 취미든 옷이든 모두 마찬가지입니다. 오늘의 당신은 오늘의 당신 취향대로 두는 것입니다. 애쓰지 말고 그냥 지내봅시다. 하지만 내일의 당신은 내일의 취향에 따르는 겁니다. 오늘의 당신과 내일의 당신은 어쩌면 좀 다를 수도 있습니다. 그 차이를 흥미롭게 기대하며 지내는 건 멋진 일입니다. 그렇게 하면 마음이 편안해집니다. 좋아하고 싫어하는 것이 그리 심각한 일이 아니라고 생각된다면 좋아하고 싫어하는 것 때문에 망설일 일도 없어지지 않겠습니까? 무언가에 망설이지 않고 살아갈 수 있다면, 모든 것을 만끽할 수 있다면 마음이 행복으로 가득 찰 것입니다.

좋아하는 일을, 좋아하니까,
하고 싶은 대로 한다

앞에서 말한 센스를 다른 방향에서도 생각해봅시다.

아침에 눈을 뜬 당신이 '아, 정말 개운하게 푹 잤다. 오늘은 기분 좋은 날이 될 것 같아' 하고 생각했다면, 그 기분 좋은 하루를 확실하게 즐겨봅시다. 그런 느낌을 행복으로 증폭시켜 보는 것입니다. 기분 좋게 시작해놓고 '왠지 귀찮다' 하며 집에 틀어박혀 있다면 당신의 센스가 움츠러들고 맙니다.

가볍게 산책으로 시작해도 좋습니다. 기분 좋은 날에 기분 좋게 걸으면서 문득 지금껏 가본 적 없는 방향으로 발길을 옮기고 싶어지면 그 감각을 믿고 작은 모험을 해봅시다. 그런 작은 모험, 작은 미지에 발을 디딜 수 있는 사람은 계속해서 새로운 것을 발견하고 새로운 만남을 가질 수 있을 것입니다.

반대로 '이쪽으로는 왠지 가기 싫다'는 느낌도 그대로 받아들여 봅시다. 느낌을 뒤바꾸려고 무리할 필요는 없습니다. 당신의 감각이 자유롭고 유연할수록 당신은 자신에게 좋지 않은 것, 바람직하지 않은 것을 마치 마법처럼 직감하기 때문입니다.

기분 좋은 일, 기쁜 일, 멋진 일, 긍정적 여운이 남는 일, 마음이 따뜻해지는 일, 몸이 가뿐해지는 일 등 당신이 그렇게 느끼는 일이라면 모두 당신에게 이로운 것입니다. 또, 당신이 싫다고 느끼는 일, 괴롭다고 느끼는 일, 뒤끝이 좋지 않을 것 같은 일, 마음이 황량해질 것 같은 일, 이런 것들은 우선 지금의 당신에게는 좋지 않은 일이라고 판단해도 됩니다.

괴로운 일, 싫은 일이라도 '나중을 위해 도움이 될 테니까' 하는 생각으로 애써 어떻게든 해보려고 노력할 필요는 없습니다. 당신의 감각은, 정말로 당신에게 필요한 것이라면 분명 '그렇게 하는 게 좋겠다'고 확신하는 힘을 갖고 있기 때문입니다.

세상에는 남들이 보기에는 몹시 힘들 것 같은 일이나 괴로워 보이는 일을 기분 좋은 얼굴로 해치우는 사람들이 있습니다. 밤마다 엄청나게 두꺼운 책을 독파한다든지, 고난도의 요리를 만들어낸다든지, 주말마다 곳곳의 산을 등반한다든지, 장편 소설을 쓴다든지 하는 등의 일 말이죠.

그런 일들을 이루어내는 사람들의 이야기를 들어보면 알겠지만 의외로 무리해서 노력한 건 없습니다. 그들은 결국 자신의 감각을 솔직하게 따르며 살아가는 사람들인 것입니다.

자신의 감각을 믿었다가 나중에 후회하는 일도 생길 수 있지만 그러면 어떻습니까. 실패했으면 실패한 만큼 당신의 감각은 연마되는 걸요. 실패가 두려워 움츠리고 있는 것보다는 훨씬 멋진 인생입니다.

언제나 결승선을 앞둔 것처럼
이를 악물고 있다면

혹시 플로렌스 그리피스조이너라는 육상선수를 아십니까?
아주 오래전 이야기라 아는 분이 있을까 싶군요. 조이너는
육상 경기에서 대활약을 했던 미국 선수인데, 트랙의 패션
모델이라고 불릴 정도로 아주 예쁜 미인이었습니다. 예쁘게
화장을 하고 긴 손톱을 꾸민 모습이 떠오르는군요. 미모만
유명한 것이 아니라 실력도 유명했습니다. 그녀가 달리는
모습은 달리는 충격이었습니다. 그렇게 예쁘게 꾸미고 미소
를 지으며 달리는데도 연전연승이었으니까요.

스포츠는 이를 악물고 필사적으로 해야 한다고 생각하고 있던 상식에서 보면 상상도 못할 일이었습니다. 구시대적 발상을 탈피한 새로운 스포츠 이론에 비추어보면 그녀는 스스로에게 자신감을 갖고, 마음에 여유가 있었기 때문에 더욱 그렇게 강했던 것입니다.

우리는 정말이지 귀에 못이 박히도록 들어왔습니다. 이를 악물고 최선을 다하라고, 이를 악물면 평소 이상으로 힘을 낼 수 있다고……. 그것이 낡은 생각이었다는 것을 조이너가 멋지게 증명해주는 것 같았습니다.

지금 한번 이를 악물어보세요. 어떤가요? 이를 악물면 목에 힘이 들어갑니다. 목에 힘이 들어가면 어깨에도 힘이 들어갑니다. 어깨에 힘이 들어가면 결국은 전신에 힘이 들어가 몸이 굳어지고 맙니다.

이런 경직된 상태, 전신의 근육이 긴장한 상태는 분명 무거운 물건을 번쩍 들어올릴 만한 힘이 생기게 해주기는 합니다만 그건 한순간일 뿐입니다. 지속력도 없고 상황에 따라 유연하게 대응할 수 있는 순발력도 없습니다.

달리는 것은, 예를 들어 100미터 경기라도, 한순간은 아닙니다. 지속적이며 유연한 순발력의 누적입니다. 그럴 때는 전신이 긴장을 풀고 있지 않으면 힘을 제대로 발휘하지 못합니다. 조이너는 그것을 잘 알고 있었던 것입니다. 마음에 여유를 갖고 미소를 띠며, 다시 말해 이를 악물지 않고 온몸의 힘을 완전히 빼고 달린 것입니다.

이를 악문 필사적인 표정이나 어깨에 잔뜩 힘을 준 모습은 정말이지 열심히 하고 있다는 인상을 줍니다. 하지만 그 결과가 과연 효율적일까요? 물론 한두 번은 좋은 결과를 낼 수 있습니다. 하지만 결국에는 지쳐서 지속하기 힘듭니다.

그러니까 당신도 너무 애쓰지 않는 것, 무슨 일이든 무리하지 않고 할 수 있는 만큼 하는 것이 중요합니다.

무리하는 것보다는 즐기면서 하는 편을 택합시다. 공부도 그렇고 일도 그렇습니다. 즐거운 마음으로, 가능하면 편안한 마음으로 꾸준히 임하는 게 좋습니다.

어릴 적부터 열심히 하는 것만을 강요당해온 우리는 그냥 내버려두면 너무 열심히 하다가 제풀에 지쳐버릴 수 있습

니다. 자기 자신을 위해서 즐거운 마음으로 하는 법을 배워
봅시다. 각자의 마음속에 있는 허들의 높이가 다르기 때문
에 나 자신의 허들은 어디까지인지 잘 살펴봅시다.

즐겁게, 가능한 만큼의 일을 한다면 정말 중요한 시점에
서는 최대의 힘을 발휘하기 위해 이를 악물게 됩니다. 마치
결승선을 눈앞에 둔 육상 선수처럼요. 그렇게 최선을 다한
자신을 발견했을 때 '잘한다'는 말로 아낌없이 칭찬해주고 긴
장을 충분히 풀어줍시다.

이를 악무는 건 한순간으로 충분합니다. 그런데 1년, 2년
급기야 평생 동안 긴장을 늦추지 않고 애를 쓰다가는 처음엔
가끔 어깨가 결리는 것으로 시작해서, 두통이 오고 복통이
오고, 해결할 수 없는 스트레와 부담으로 녹초가 돼서 아무
것도 하기 싫어지는 상태에 놓일 수 있습니다.

괜찮아,
잘 될 거야

젊을 때는 특히 미래에 대한 불안을 느끼는 경우가 많습니다. 먼 장래뿐 아니라 당장 내일 일까지 불안을 느껴 마음이 움츠러드는 일이 있습니다. 그런데 불안을 느낄 수 있다는 것이야말로 젊음의 특권 중 하나가 아닐까요? 젊음이라는 것은 자신의 가능성을 측정할 수 없는 상태, 자신의 능력에 많은 기대를 가질 수 있는 상태이기 때문입니다.

자신의 가능성이나 능력에 대해 체념한 사람에게는 더 이상 불안은 없습니다. 자신의 능력이 미치지 못할 것 같은 일에는 결코 도전하지 않기 때문입니다. 바꾸어 말하면 자신의 가능성이나 능력을 한정시키지 않고 끊임없이 미지의 세계에 도전하는 사람, 지금까지는 해본 적 없는 일에 도전하는 사람, 실연을 거듭하면서도 사랑을 찾아가는 사람은 나이에 상관없이 청춘인 것입니다. 불안을 느낀다는 건 얼마나 멋진 일입니까?

불안을 느끼면 사람의 마음은 확실히 움츠러듭니다. 긴장해서 두 손에 땀을 쥐고, 아주 조용한 밤에도 머릿속이 너무나도 시끄러워서 잠들지 못하죠. 그럴 때 무리하게 과장된 행동을 하거나 너무 애쓸 필요는 없습니다. 불안해하고 있는 자신을 이해하고 받아들이는 연습을 해봅시다.

깊게 천천히 숨을 내쉬었다가 충분히 숨을 들이마시는 심호흡을 몇 차례 반복해봅시다. 그렇게 한다고 불안이 사라지는 것은 아닙니다. 하지만 떨림은 멎습니다. 움츠러들었던 마음도 조금이나마 편안해집니다. 그러면 이제 자신에게 이렇게 속삭여봅시다.

"괜찮아, 잘 될 거야."

　기억해보세요. 지금껏 불안했던 일은 셀 수 없이 많았지만 그래도 잘 해오지 않았습니까. 잘 됐으니까 당신이 지금 존재하고 있는 게 아닌가요? 실패했다고 해도 살아 있으니 그것으로 된 겁니다. 부끄러운 일이 있더라도 두고두고 고민할 필요는 없습니다. 지나간 일은 어떻게든 해결된 일, 그렇게 생각하는 게 자신을 사랑하는 일이기도 합니다.

　정말 그렇습니다. 아무리 불안한 일이라도 이미 지나가면 반드시 해결된 것입니다. 그러니까 당신의 마음이 무언가에 불안을 느꼈을 때는 받아들이세요. 그러고나서 "괜찮아, 잘 될 거야"라고 속삭여주세요.

2장

◇

틀림없이
기분 좋은 하루를 보내는 방법

아침에는
나 자신에게 인사를

잠에서 깬 후에 이불 속에서 자신에게 인사해본 적이 있나
요? 아침에 슈퍼에 가든 회사에 가든 누군가를 만나면 인사
를 건네듯이, 나 자신에게 '안녕, 좋은 아침' 하고 인사해본 적
있나요? 눈뜨자마자 내가 하는 생각, 속으로든 밖으로든 내
가 하는 말이 나 자신에게 얼마나 중요한지 아시나요? 아무
생각 말고 '안녕, 오늘도 잘 해내자' 하고 속삭여보세요. 나
자신에게 보내는 응원이랄까요, 하루의 다짐이랄까요, 무엇
이든 좋습니다. 이제부터 인사를 건네봅시다.

가능하면 눈뜨기 전이 좋겠습니다. 잠이 좀 덜 깬 상태로 이제 막 잠에서 깨려는 당신의 의식에게 '안녕' 하고 인사해보세요. 그러면 당신의 의식은 '좀 더 자고 싶어'라고 할지도 모릅니다. 그러면 '자, 눈을 떠봐. 지금 일어나면 느긋하게 아침을 먹을 수 있어. 그러면 더 기분 좋은 하루가 될 거야'라고 속삭여보세요. 그러면 당신의 의식은 '기분 좋은 하루? 오늘은 날씨가 흐린 것 같은데. 비가 올지도 몰라. 벌써 기분이 축 처지는 것 같아' 하고 딴청을 피울지도 모르겠군요.

확실히 비 오는 날은 이불 속에서 나가기가 더 어렵습니다. 공기도 무겁고 몸이 끈적거립니다. 신경 써서 걷지 않으면 물 웅덩이를 밟아 신발이 다 젖어버릴 수도 있습니다. 하지만 그런 아침이라도 자신에게 인사를 건네봅시다. 인사의 포인트는 바로 이것, '비 오는 날 아침 공기는 촉촉해서 기분 좋잖아'라고 말해주는 것입니다.

오늘이 어떤 하루가 될지는 아무도 모릅니다. 태풍이 몰아치는 날이라 해도 만반의 준비를 한 것에 비하면 별다른 일도 일어나지 않고 오히려 여느 때와는 다른, 묘하게 자극적인 날이 될지도 모릅니다. 하기 싫은 일을 해야 하는 끔찍한 날이라고 생각했는데 그 일을 마치고 나서 상당한 만족감을 맛보게 될 수도 있습니다. 마음이 정말 맞지 않는 사람과 만나야 하는 날, 내내 불편했던 감정이 해소되고 그와 의기투합하는 멋진 하루가 될지도 모릅니다. 그렇지 않나요? 그날이 어떤 하루가 될지는 신이 아닌 우리로서는 알 턱이 없지요. '뻔하다', '그저 그렇겠지'라고 결정 내리는 것은 섣부른 행동입니다.

또, 좋지 않은 하루가 될 거라고 예상하는 건 대단히 손해라고 생각합니다. 더구나 아침을 열며 오늘 하루를 '싫다'고 생각한다면 손해 중에 손해지요. 온종일 그 기분을 떨쳐내기 쉽지 않을 테니까요.

그렇기 때문에 지혜로워져야 합니다. 오늘 하루는 결국 좋은 하루가 될 거라는 암시를, 아직 잠이 덜 깬 자신의 의식 속에 집어넣는 것입니다. 그렇게 하면 신기하게도 당신의 마음이 '좋은 하루'를 만드는 것만 끌어당기게 됩니다. 당신이 눈뜨자마자 스스로에게 건네는 밝은 인사가 좋은 하루의 문을 열어주는 시작이 될 수 있습니다. 습관으로 만들면 더 좋습니다. 그 요령을 확실히 익혀봅시다.

우선 아침에 눈을 뜬 당신이 아직 덜 깬 상태에 있는 당신의 의식에게 '안녕' 하고 인사를 건넨 다음에는 이런 대화를 나눠봅시다. A는 '당신'이고 B는 '당신의 의식'입니다.

A : 안녕! 자, 상쾌한 아침이야. 일어나자.

B : (꿈지럭 꿈지럭)

A : 눈을 떠봐. 아침 햇살이 기분 좋단 말이야. 창문을 열고 시원한 공기를 마셔봐.

B : 그래, 슬슬 일어날까! 정말 상쾌한 햇살인걸. 기지개를 켜니 시원하다.

A : 그렇지? 오늘도 멋진 하루가 될 거야.

B : 그래, 틀림없이 멋진 하루가 될 거야.

그리고 이불에서 나와, 겨울이라면 따뜻하게 뭔가 걸치고 거울 앞에 서봅시다. 그리고 거울 속의 당신을 향해 생긋 웃으며 다시 한 번 '안녕' 하고 인사해봅시다. 자, 거울 속의 당신도 생긋 웃으며 '안녕'이라 답해주겠지요?

　이것으로 멋진 아침이 시작되었습니다. 당신의 하루는 반드시 멋진 하루가 될 것입니다. 컨디션이 좋지 않거나 전날 힘든 일이 있었다면 더더욱 당신의 의식을 부드럽고 자상하게 깨워주세요. 거울 앞의 미소도 부디 잊지 말기를 바랍니다.

하루를 시작하며
즐거움을 충전한다

아침 인사에 성공했으면 오늘 하루를 즐겁게 연출할 토대는 이미 완성된 것이나 다름없습니다. 여기서 더욱 멋진 하루를 보내고 싶다면 이리저리 궁리를 해보는 것도 재미있겠지요. 예를 들어, 당신이 좋아하는 음악 중에서 경쾌한 것 하나를 골라 볼륨을 높여봅시다. 좋아하는 음악을 들으면 금세 기분 전환이 됩니다. 아침에 어울리는 것이라면 어떤 것이든 좋습니다. 들어서 기분이 좋아질 것 같은 음악이라면 뭐든 좋습니다.

단, 너무 힘찬 행진곡 같은 것은 피하는 게 좋습니다. 행진곡은 사람에게 무척 힘을 내도록 채찍질하려는 음악입니다. 아침부터 그런 힘찬 음악을 들으면 너무 벅차다는 생각이 들겠죠. 특별히 좋아하는 음악도 없고 어떻게 골라야 할지 모를 때는 친구에게 추천을 받아보세요.

음악을 골랐으면 식사를 하고 옷을 갈아입습니다. 이건 어느 쪽을 먼저 해도 상관없습니다만 될 수 있으면 옷을 갈아입기 전에 식사를 하는 게 좋습니다. 식사는 간편한 인스턴트라도 괜찮으니 스프나 국, 아니면 커피 같은 따뜻한 마실 것이 있으면 좋겠습니다. 여름에도 마찬가지입니다. 따뜻한 것이 몸 안에 들어가면 몸도 마음도 여유가 생기기 때문입니다. 단, 적은 양이라도 빵이든 밥이든 든든한 것을 함께 먹는 것이 좋습니다.

흔히 아침은 거르는 게 속이 편하다거나 다이어트를 위해 거른다는 사람이 있는데 그건 매우 잘못된 생각입니다. 아침은 조금씩이라도 먹어두어야 쉽게 지치지 않습니다. 더구나 다이어트를 하려고 한다면 아침 식사를 제대로 하는 것이 요령입니다.

그리고 옷 갈아입기가 중요합니다. 기분이 가라앉을 때
는 더더욱 밝은색으로, 상쾌한 느낌을 주는 옷을 고르도록
합시다. 옷은 그날의 기분을 그대로 반영합니다. 들떠 있는
날은 밝고 화사한 분위기의 옷을 입게 되고, 답답한 기분일
때는 아무거나, 되도록 어두운 옷을 입게 되기 쉽습니다.

그것을 역이용해서 화사한 스타일의 옷을 입어 기분을
상쾌하고 여유 있게 바꾸는 겁니다. 약간 기분이 가라앉을
때라도 머리를 손질하고 좋아하는 옷을 입으면 기분이 조금
이나마 나아지니까요.

저는 자신을 꾸미는 일을 여성에게나 남성에게나 최대의
즐거움 중 하나라고 생각합니다. 값비싼 것으로 꾸밀 필요
는 전혀 없습니다. 내가 좋아하는 것, 맘에 드는 것으로 멋지
게 연출하는 즐거움을 소중히 하기 바랍니다. 때로는 아주
과감한 의상도 즐겨봅시다. 마음껏 즐기지 않으면 오히려
손해입니다.

어떤 색깔의 무슨 옷을 입을지는 그야말로 당신의 감각 문제입니다. 분명 멋진 감각을 갖고 있을 당신에게 나같은 사람이 이러쿵저러쿵 말할 필요는 없겠지요.

단, 한 가지 당부할 것은 자기가 선택한 것에 자신감을 가지라는 것입니다. 어떤 옷을 입든 자신감을 갖는 것이 패션 리더의 비법입니다.

오늘을 향하여
힘차게 걸어나간다

자, 식사도 끝나고 몸단장도 끝났으면 이젠 밖으로 나가기
만 하면 됩니다. 오늘 하루를 향해 힘차게 걸어나가 봅시다.

저는 걸을 때 항상 이런 상상을 합니다. 하늘 높은 곳에
서 내려오는 한 줄기 금색 실이 나를 가볍게 끌어올리고 있
다고 말입니다. 그렇게 얼굴은 앞을 향하고 허리는 쭉 편 채
팔다리는 쓱쓱 밀며 앞으로 걸어가는 겁니다. 비 오는 날 우
산을 쓰고 있을 때도 그랬습니다. 걱정거리로 고민할 때도
그랬습니다. 하늘에서 내려온 금색 실이 가볍게 머리를 들

어올려 주는 상상을 하면 언제든지 몸이 가뿐해졌습니다. 몸이 가벼워지면 마음도 조금씩 가벼워졌습니다. 그러면 무거웠던 기분도 어느새 가벼워져 만나는 사람에게 '좋은 아침입니다', '안녕하세요' 하고 밝은 인사를 건넬 수 있었습니다.

사람이기 때문에 살다 보면 낙심할 때도 있고 어깨를 축 늘어뜨린 채 걷는 날도 있습니다. 그럴 때 억지로 아닌 척하면 지치고 맙니다. 하지만 하늘에서 내려온 금색 실에 살짝 이끌린다고 생각하면 어깨가 조금은 가벼워집니다.

당신도 분명 그럴 겁니다. 당신 머리 위에도 하늘에서 내려온 금색 실이 늘어뜨려져 있을 겁니다. 그 실을 당신에게 묶어보세요. 그리고 사뿐히 발을 내디디면 되는 것입니다.

만나는 사람에게 인사까지는 하지 않더라도 미소를 지어보세요. 그것이 쑥스럽다면 길가에 피어 있는 꽃이나 하늘에 떠 있는 흰 구름을 향해 인사해보세요.

당신의 하루는 그것만으로도 풍부해질 것입니다. 당신의 마음은 점점 여유롭고 행복해질 것입니다.

집중력 도둑을
이겨내는 법

TV란 '시간을 잡아먹는 벌레'지요. 정말이지 골칫덩어리입니다. TV를 보다 보면 아무것도 한 것 없이 하루가 다 가곤합니다. 그래도 재미있었다, 만족스럽다고 생각되면 괜찮은데 대개 '아, 또 TV만 보다가 시간이 다 갔네'라는 후회가 남기 일쑤지요. 그와 함께 'TV 때문에 할 일을 미루고 시간을 허비하고 말았다', '밤을 새우고 말았다' 하는 자책이 생겨나더더욱 좋지 않습니다. TV는 이렇게 후회와 자책을 불러온다는 점도 그렇지만 '자기 자신을 완전히 사랑하기'에 있어서

아주 큰 방해가 되곤 합니다. 자신에게 집중할 시간조차 빼앗아가니까요.

그럼 어떻게 하면 좋을까요? TV를 추방한다? 그것도 괜찮겠지만 좀 극단적이죠? 보는 시간을 한정한다? 그게 마음먹은 대로 가능하다면 문제가 되지 않겠지요. 유익하거나 정말 재미있는 프로그램만 보도록 한다? 유익하지도 그리 재미있지도 않은 프로그램인데도 계속 보게 만드는 것이 특유의 마력 아닙니까.

자, 도대체 어떻게 하면 좋을까요. 여하튼 상대는 노력이나 자제와는 비교도 안 되는 커다란 마력을 갖고 있습니다. 그러면 마력에는 마력으로 대항할 수밖에 없겠지요. 최후의 수단을 씁시다. 다음은 우라코 이론의 마력을 집어넣어 쓰는 것이니까 확실히 믿고 그대로 하면 TV의 마력을 이길 수 있습니다. 먼저 다음 주문을 외워봅시다.

"재미없는 프로그램은 재미없다. 재미없는 프로그램은 보기 싫다."

유치하다고 생각하지 마세요. 재미없는 프로그램까지 자기도 모르게 계속해서 보고 있다는 사실을 일깨워주는 주문으로 매우 효과적입니다. 주문이니까 반복해서 외울수록 더 큰 힘을 발휘합니다. 그러니까 적어도 아침에 한 번, 점심에 한 번, 저녁에 한 번은 외우도록 합시다.

이제 약간의 요령만 익히면 OK! 요령은 다음과 같습니다.

① 프로그램이 하나 끝날 때마다 일단 전원을 끈다.
② 전원을 껐으면 아주 약간이라도 몸을 움직인다. 산책을 한다든지 물건을 사러 외출한다면 더할 나위 없다. 빨래를 개켜도 칭찬해줄 만한 우등생. 뭐든 좋으니까 일어나서 팔다리를 움직이자.
③ 다시 TV를 켜고 싶어진다면 정말로 보고 싶은 프로그램, 재미있는 프로그램인지를 생각한다.
④ 꼭 보고 싶은 프로그램이라면 그 프로그램만 보고 바로 전원을 끈다.

⑤ 다음에 보고 싶은 프로그램이 바로 시작되더라도 전원을 끄고 아주 약간이라도 몸을 움직인다.

즉시 효과를 볼 수 있는 실증된 방법입니다. 이대로 계속한다면 TV의 마력에서 완전히 해방될 것입니다. 믿고 실행에 옮겨보세요.

제 주변에는 TV에 사로잡혀 있는 자신을 책망하며 괴로워하는 사람이 꽤 많습니다. 그까짓 TV 때문에 자신을 완전히 사랑할 수 없다는 건 너무 한심하지 않습니까. 그러니 제가 가르쳐드린 대로 한 번 실천해보세요. TV의 마력에서 해방되면 정말 편해집니다. 약간의 노력만으로도 놀랄 만큼 여유를 찾을 수 있습니다.

무슨 일이 생길 때마다
"다행이다!"

기쁨도 슬픔도 표정에 달려 있다는 말 들어본 적 있나요? 사람의 표정과 마음은 '표리관계'입니다. 마음이 즐거우면 표정도 웃습니다. 물론 그 반대도 있습니다. 마음은 그다지 즐겁지 않지만 그래도 얼굴이 웃으면 어느샌가 마음도 따라 웃고 있을 때가 있습니다. 이건 사람만이 갖는 대단한 능력이라고 생각합니다.

한번 시험해볼까요. 당신의 얼굴을 거울에 비춰보며 웃어보세요. 그러면 왠지 모르게, 이유도 없이 마음도 웃기 시작합니다. 이번엔 슬픈, 금방이라도 울 것 같은 표정을 지어보세요. 그러면 왠지 모르게 마음까지 슬퍼집니다. 오해를 사기 쉬운 말이지만 사람의 마음이란 정말 그렇습니다. 기쁨도, 슬픔도, 괴로움도, 행복도 표정 하나로 바꿀 수 있습니다.

따라서 잘 웃을 줄 아는 사람이 되는 건 자신에게 필요한 일입니다. 늘 어둡고 무거운 표정을 하고 있는 사람보다 미소를 지을 줄 아는 사람이 훨씬 행복해질 수 있고, 자기를 더욱 더 사랑할 수 있으니까요.

잘 웃는 사람이 되려면 어떻게 하면 좋을까요? 간단합니다. 언제든지 생각날 때마다 '잘 됐다, 다행이다'라는 말을 떠올리면 됩니다. 일상 속에서도 무슨 일이 있을 때마다 "잘 됐다, 다행이다"라고 말하는 겁니다. 길을 걷다가 뭔가를 보게 될 때마다 "다행이다"라고 하고, 칼질을 하다가 손을 베었을 경우에도 "다행이다"라고 하는 겁니다.

바보 같은 소리라고 생각하시나요? 나는 그렇지 않다고 생각합니다. 칼이란 건 생명을 위협할 수도 있는 물건입니다. 그런데 작은 상처로 끝났다고 생각하면 그야말로 다행 아닙니까? 크게 다치지 않기를 다행이다, 하는 것이지요.

비가 오면 '오늘 여러모로 불편하겠네'보다는 '이 비 덕분에 산천초목이 촉촉해지고 가뭄도 해소된다'라고 생각하면 다행이라는 마음이 들 것입니다. 이렇게 생각하면 매일 감사할 일들이 우리 주위에 얼마나 많습니까.

맑고 파란 하늘에 두둥실 떠 있는 흰 구름, 지나는 길에 피어 있는 꽃들, 선생님이나 상사에게 심하게 혼났지만 그래도 혼남으로써 배운 게 있을 테니 어떤 일이든 그 나름대로 감사할 수 있습니다.

그렇게 생각하지 않고 비는 싫다, 해가 나오면 너무 더워서 싫다, 하늘 따위 올려다보고 싶지 않다, 꽃 같은 건 볼 시간도 없다, 누군가에게 싫은 소릴 듣다니 정말 화난다, 이대로는 끝장이다. 이런 식으로만 받아들이면 당신의 표정은 늘 굳어 있을 수밖에 없습니다. 표정이 굳으면 마음도 굳어지고 맙니다.

그러니까 감사해야 합니다. 어떤 일을 만나든 감사하는 마음으로 받아들이면 그때마다 표정도 부드러워집니다. 당신의 얼굴이 온화해지고 항상 작은 미소가 떠오릅니다. 언제나 기분 좋게 웃을 수 있는 사람이 되는 것입니다.

언제나 웃을 수 있다면 마음도 덩달아 웃게 됩니다. 그렇게 즐거워진 마음은 웃는 얼굴을 더욱더 멋지게 만들어줄 것입니다. 그러면 마음도 더욱더 그렇겠죠? 이런 것을 호순환이라고 합니다. 좋은 일은 점점 더 좋은 일을 불러오게 마련입니다.

기쁨은
말로 표현할수록 커진다

밝고 상냥하게 사람을 대할 수 있는 사람에게는 기쁜 일 또는 좋은 일이 많이 생깁니다. 기쁜 일이나 좋은 일이 있다면 표현해도 좋습니다. 그 에너지가 뻗어 나가서 더욱더 기쁘고 좋은 일을 자꾸자꾸 끌어당기기 때문입니다.

저는 기쁜 일이 생기면 먼저 말로 갚습니다. 신에게 "감사합니다" 하고 중얼거립니다. 누군가로 인해 기쁜 일이 생겼다면 말이나 편지로 분명히 고맙다고 전합니다. 그렇게 하는 것은 무엇보다 나 자신의 기쁨이 소중하기 때문입니다. 내가 기쁘다는 것을 제대로 표현해서 내 마음에 새기고 싶기 때문입니다. 나의 기쁨을 소중히 확인함으로써 자신에 대한 사랑을 키울 수도 있습니다. 그리고 그것이 주위 사람들에게도 전해지는 것입니다.

그러니까 최소한 '말'이라는 선물은 빼놓을 수 없습니다. 제 다이어리에는 늘 몇 장의 엽서가 끼워져 있습니다. 기쁜 일이 생기면 바로 어디서든지, 전철 안에서라도 써서 건네기 위해서입니다. 제 친구는 여기저기서 그림엽서를 사 모았다가 그 사람에게 맞는 걸 골라서 보냅니다. 이것도 매우 멋진 보답이라고 생각합니다. 이렇게 생각하면 기쁨을 전하는 일은 매우 간단하지 않습니까? "너무 기뻤어. 고마워"라는 말을 분명히 형태화하기만 하면 되니까요.

저는 가족에게도 고맙다는 표현은 꼭 합니다. 가족이니까 일일이 감사를 표현하는 건 번거롭다고 생각한다면 그건 잘못입니다. 아무리 작은 일이라도 뭔가를 해준 거니까요. 기쁘지 않을 리가 없겠지요. 그런데도 고맙다는 말을 아낀다는 건 어리석은 일입니다.

용기를 북돋아주는 말도 그렇습니다. 상냥한 얼굴도 그

렇고, 요리도 그렇습니다. 상대에 대한 배려라면 더더욱 그렇습니다. 기뻤다면 고맙다고 말하는 걸 잊지 마세요. 그리고 소중한 사람에게 좋은 일이 생겼을 때는 그야말로 두 손을 맞잡으며 "잘 됐다. 나까지 기뻐!"라며 함께 기뻐할 수 있음에 대해 감사를 전합시다. 소중한 사람과 함께 기뻐할 수 있는 것이야말로 행복이 아닐까요?

보고, 듣고, 느낀 것이
마음의 재산이 된다

이미 알고 있을지도 모르지만 '잘 웃는 사람'이란 실은 '잘 감동하는 사람'이기도 합니다. 어떤 상황 속에서도 자신에게 긍정을 가져다주는 면을 찾을 줄 아는 것이지요. 그런 사람은 마음속이 풍부한 감동으로 가득 차 있습니다.

혹시 '나는 원래 성격 자체가 감동을 잘 받지 않는다'고 고개를 젓고 있습니까? 그럴 수 있습니다. 하지만 감동하는 마음이란 결코 특별한 것은 아닙니다. 누구나 매일매일 셀 수 없이 많은 감동을 거듭하며 살아가고 있습니다. 단지 자신이 감동하고 있다는 사실을 미처 깨닫지 못하는 경우가 많을 뿐이죠. 자신이 감동하고 있다는 사실을 눈치채지 못하면 감동은 그저 감동으로 끝날 뿐 풍부한 열매를 맺지 못합니다.

그러니까 혹 무언가에 감동하고 있는 자신을 발견하면 그것이 아무리 작은 감동이더라도 자신을 칭찬해주세요. 그러면 그저 감동으로 끝나는 것이 아니라 확실하게 마음에 머물러 풍부한 열매를 맺게 합니다. 감동의 열매가 맺힐 때마다 당신은 더욱더 많은 것에 감동할 수 있게 됩니다.

아마 비웃을지도 모르지만 전 돌멩이 하나에도 감동받곤 합니다. 발 밑의 돌멩이를 주워 손에 꼭 쥐고 꼼꼼히 바라봅니다. 그러다 보면 돌멩이의 역사가 눈앞에 보이기도 합니다. 처음에는 큰 바위였던 것이 빗물에 부서지고 강물에 씻겨 어느샌가 한 줌의 작은 돌멩이가 되기까지의 역사를 상상하는 것이죠.

내 손 안에 쏙 들어올 정도로 작은 돌멩이가 내 인생과는 비교도 안 될 세월을 지내온 것입니다. 몇 만 년이 훨씬 넘을

지도 모릅니다. 그런 긴 세월을 지내온 동그랗고 매끈매끈한 돌멩이가 내 작은 손 안에 있다는 사실······.

전 정말 그런 것에조차 감동하고 맙니다. 하물며 꽃에 감동하지 않을 리가 없겠지요. 하늘, 비, 구름, 벌레, 바람, 나무, 새 그리고 지나가는 사람들의 모습도 마찬가지입니다. 살아 있다는 건 정말 멋진 일입니다. 감동할 것 투성이니까요. 이렇게 감동하고 저를 발견할 때마다 칭찬을 해줍니다.

"잘 했어. 감동할 수 있다는 게 얼마나 멋진 일이야. 내일 또 멋진 하늘을 보자."

그러면 그 감동 하나하나가 틀림없이 내 마음의 재산으로 남게 됩니다. 앞서 감동이 나중 감동을 훨씬 더 크고 풍부하게 만들어줍니다.

세상은 결코 따분하지 않습니다. 따분하다면 사실은 감동하고 있는 마음을 무표정으로 덮어 숨기고 있는 것입니다. 그건 너무 큰 손해입니다. 작은 미소 하나 없는 삶이라니요. 마음을 활짝 열고 아주 작은 일에라도 감동해봅시다. 감

동받는 자신을 발견해봅시다. 이 세상의 다양한 일들에 둘러싸여 살아가고 있는 자신이 정말 소중하게 생각됩니다. 자신을 사랑스럽게 여길 수 있는 것이죠.

　이것이 사랑과 행복의 원천입니다. 스스로 자신을 사랑하고 행복하게 만들 수 있습니다. 이제 아시겠죠? 감동이란 바로 사랑인 것입니다. 감동할 수 있다는 건 사랑으로 가득 차 있다는 것을 의미합니다.

3장

◇

사랑하고
사랑받는 법

마음을 나눌 수 있다는 건
소중한 경험

너무나 슬픈 경험, 오늘 하루를 살아낼 힘조차 잃을 정도로 슬픈 경험을 한 여자가 있었습니다. 그녀는 '지금 당장에라도 죽어버리는 게 나아'라고까지 생각했습니다. 그 모습을 지켜보던 어떤 남자가 비탄에 빠져 있는 그녀를 안아주며 이렇게 말했습니다.

"너의 슬픔을 대신 느껴줄 수는 없어. 하지만 이렇게 널 보고 있는 사람이 여기 있잖아. 나는 네가 정말 좋은 사람이란 걸 알고 있어. 네가 아픔을 이겨내고 다시 설 것을 믿고 있는 사람이 있다는 것, 그것만은 잊지말아줘."

훗날 그녀는 말합니다.

"그때 그 사람이 나를 안아주며 나에게 해주었던 말이 얼마나 큰 위로가 되었는지 모릅니다. 죽지 않은 건 순전히 그 사람 덕분이었다는 생각이 듭니다."

둘은 연인 사이는 아니었습니다. 친구로서 서로를 소중히 여겨온 사이였지요. 그는 그녀의 슬픔을 대신하는 일은 불가능해도 묵묵히 옆에서 바라봐주는 것이, 믿어주는 것이 그 사람을 살리는 힘이 되리라는 것을 알고 있었습니다. 그리고 그녀는 자신을 믿어주는 사람이 있다는 사실을 소중히 여겼습니다. 그렇게 친구로서의 사랑이 한 사람을 살린 것이지요.

두 사람뿐만 아니라 세상의 모든 연인, 부부, 부모 자식, 친구, 동료 관계가 똑같다고 생각합니다. 서로 이런 마음이

어야 인연이 깊어지고 만남을 통해 성장할 수 있는 것 아닐까요. 마음을 나눌 수 있다는 건 정말 소중한 경험입니다. 내가 친구에게 선물할 수도 있고, 내가 선물을 받을 수도 있습니다.

인간이란 기본적으로 고독한 존재입니다. 아무리 누군가와 마음을 나눴다 해도, 그것을 통해 연결됐다고 해도 하나의 인간은 하나의 인간일 뿐입니다. 아무리 원해도 마음이나 몸이 하나가 될 수는 없습니다.

아무리 풍부한 사랑을 받더라도 사람은 혼자서 살아가고 혼자서 죽을 수밖에 없습니다. 자신의 슬픔이나 고통을 극복할 수 있는 것은 자신뿐. 아무리 당신을 사랑하는 사람이라도 당신의 슬픔과 고통을 대신할 수는 없습니다.

그렇기 때문에 더더욱 마음을 나눌 수 있다는 건 소중한 경험입니다. 그 한순간을 통해 목적지를 죽음으로 정했던 발길을 되돌릴 수도 있으니까요. 슬플 때에는 '슬프다'고 말하면 됩니다. 기쁠 때는 '기쁘다'고 말하면 됩니다. 그런 당신을 따스한 시선으로 바라봐주고 어깨에 손을 얹어주는 누군가가 있다면 슬플 때는 슬픈 나름의 미소로, 기쁠 때는 만면의 웃음으로 답해줍시다. 그것으로 마음의 답답함이 해소됩니다. 그러니 내 주위 사람들에게, 앞으로 만나게 될 사람들에게 기쁨도, 슬픔도 공유해봅시다. 소중한 경험을 공유하며 또 인생을 걸어나가는 겁니다.

친해지고 싶을 때는
좋은 귀가 되어주자

분명 가까운 관계, 친한 사람은 가능하면 많을수록 좋습니다. 그러기 위해서는 사람과의 거리를 좁히는 요령을 익혀두는 것이 좋습니다. 그 요령은 간단합니다. 자주 말을 건네고 호의를 표현하면 됩니다. 그뿐입니다.

이웃에 사는 누군가와 친해지고 싶으면, "안녕하세요, 오늘은 날씨가 좋군요", 비가 오면 "시원한 비네요" 하며 언제든지 말을 걸면 됩니다. 가끔은 음식을 나누거나 작은 선물을 건네며 가벼운 대화를 주고받아도 좋겠군요. 그것만으로도 충분히 친밀감을 느낄 수 있는 거리로 좁혀집니다.

여기서 더 가까워지고 싶다면 자기 이야기를 하는 것보다는 상대방의 말을 듣는 것, 그것이 요령입니다. 사람은 누구나 마음속에 이야기하고 싶은 무언가를 잔뜩 가지고 있습니다. 당신도 그렇지 않나요? 친한 상대와 이야기를 하다 보면 문득 자기 이야기만 열심히 하고 있는 나 자신을 발견하곤 하지 않습니까?

당신이 부끄러움을 타는 사람이거나 소극적이라면 그렇지 않을지도 모릅니다. 하지만 그런 성격이라도 친근한 누군가와 대화할 때는 모든 것을 터놓고 말하고 싶어지는 법입니다. 그러니까 누군가와 친해지고 싶다면 그 사람의 이야기를 많이 들어주는 것이 가장 좋습니다.

사람은 자신의 이야기를 털어놓기만 해도 마음이 편해지곤 합니다. 그러니까 누군가의 이야기를 들으면서 뭔가 충고를 해야겠다든지 의견을 말해줘야겠다고 생각할 필요는 없습니다. 그저 귀 기울여 듣고 맞장구쳐주는 것만으로도 충분합니다.

상대방이 이야기 도중 당신의 의견을 물었을 때는 "나라면 이렇게 생각해요" 하고 주저 말고 의견을 말하면 됩니다. 이때 기억할 것은 당신의 판단일 뿐이라는 것입니다. 상대방이 그대로 하기를 바라지는 마세요. "어차피 결정은 자기가 하는 거니까"라는 생각이면 충분합니다. 그것이 상대방을 존중해주는 것입니다. 상대방의 생각이나 판단이 누가 봐도 잘못된 경우라면 더더욱 우선 그 생각이나 판단을 비판하지 말고 받아주는 것이 중요합니다.

사람의 마음이란 참으로 묘합니다. 받아들여지지 않으면 반발하고 고집스러워지기 쉽습니다. 하지만 받아들여지면 그때까지의 생각이나 판단을 다시 한 번 생각할 여유가 생깁니다. 보다 적절한 판단을 할 수 있게 되는 것이지요.

그런 식으로 상대방이 비판하거나 비난하지 않고 자신의 이야기를 들어주면 다음에는 반드시 당신의 이야기를 들어줄 것입니다. 그런 관계라면 자연스럽게 점점 거리가 좁혀지고 신뢰가 쌓여서 발전할 것입니다.

거리 조절이
좋은 관계를 유지시킨다

저는 이 책을 내기 전에 '멋진 부부는 이인사각입니다'라는
내용으로 책을 썼습니다. 당신은 어떻게 생각하시나요? 부
부란 이인삼각과 이인사각 중 어느 쪽이 좋을 것 같나요? 지
금까지는 대부분의 사람들이 "부부는 이인삼각" 또는 "부창
부수"라고 말하고 싶어했지만 실제로 그런 생각은 매우 불합
리하다고 통감했습니다. 그래서 일반적인 상식을 깨고 "부
부는 이인사각인 편이 훨씬 멋지다"고 주장했습니다.

　부부라 해도 좋은 관계를 유지하고 싶다면 더더욱 서로

의 거리를 어느 정도 유지하는 편이 행복하다는 의견입니다. 연인 사이나 절친한 친구 사이도 마찬가지입니다. 이인 삼각, 일심동체로 밀착해 있으면 의외로 사소한 일로 벽에 부딪히기도 하고 관계가 깨지기도 합니다. 소중한 사람이라면 둘 사이에 틈이 없을 정도로 가까운 것이 행복하다고 생각합니까? 그럴지도 모릅니다. 천생연분이라는 말도 있으니까요.

하지만 거리가 너무 가까워졌을 때는 위험한 함정이 도사리고 있습니다. 서로의 거리가 너무 좁혀져버리는 함정 말입니다. 그 함정을 감지할 수 있는 방법이 있습니다. 예를 들면, 그 사람과 하루라도 만나지 않고는 못 배긴다든지, 매일 이야기를 하지 않으면 뭔가 불안하다든지, 무슨 일이든 그 사람의 의견을 듣지 않고는 결정할 수 없다든지, 그 사람이 당신 이외의 다른 누군가와 이야기를 하고 있으면 샘이 나서 견딜 수 없다든지 하는 그런 상태가 되어버렸다면 당신이 상대에게 지나치게 의지하고 있다는 증거입니다.

거리가 너무 가까워지면 언젠가 서로에게 질리고 맙니다. 분명 아주 친했었는데, 무슨 이야기든지 나눌 수 있는 신뢰 관계에 있었는데 얼굴을 보기만 해도 숨이 막힌다는 느낌이 듭니다. 비단 연인 관계뿐만 아니라 친구 관계, 업무 관계, 이웃 관계, 어떤 관계에서든지 빠질 수 있는 함정입니다.

그럼 그렇게 될 위험을 느꼈을 때 어떻게 하면 좋을까요. 저라면 혼자 보내는 시간을 늘리도록 하겠습니다. 영화를 본다든지, 책을 읽는다든지, 가볍게 여행을 떠난다든지, 서로의 거리를 조금이라도 떨어뜨리는 것입니다.

만나지 못하거나 이야기를 나누지 못하는 것이 아쉽더라도 조금만 기분 전환할 생각으로 시험해보는 겁니다. 단 하루라도 그런 노력을 하는 것이 바로 지혜입니다. 그렇게 서로의 거리를 유지해 나간다면 그 관계는 언제까지나 지속할 수 있습니다.

서로가 혼자 있는 시간을 소중히 할 수 있는 관계일수록 좋은 관계를 오래 유지할 수 있습니다. 소중한 연인이나 남편 혹은 아내, 세상에 둘도 없는 친구라면 더더욱 적절한 거리를 유지하는 것이 중요합니다.

이인삼각의 관계보다
이인사각의 관계가 좋다

이인삼각의 관계보다도 이인사각의 관계가 더 바람직한 이유에 대해 이야기해볼까요? 만일 두 사람이 서로의 한쪽 발을 묶은 이인삼각으로 걸어간다면 한 사람이 무엇에 걸려 넘어질 때마다 둘이 함께 넘어지고 말겠지요. 결국 한쪽 다리 때문에 다른 쪽도 넘어져 아픈 경험을 하게 됩니다. 더러는 서로 상대방 때문에 넘어졌다는 탓을 하게 될지도 모릅니다. 정신을 가다듬고 다시 일어서는 것도 무척 힘듭니다. 둘이서 호흡이 제대로 맞지 않으면 일어설 수 없습니다. 한쪽이 일어나는 것을 다른 쪽이 방해할 수도 있습니다.

그럼 서로의 발을 묶지 않고 대신 손을 잡거나 팔짱을 낀 채 걷는 사이라면 어떨까요? 넘어지더라도 혼자 넘어지겠지요. 넘어지지 않은 사람이 넘어진 사람에게 손을 내밀 수가 있습니다. 넘어진 사람은 손을 내밀어준 것에 감사하며 그 힘을 빌어 일어설 수가 있습니다. 아픔을 덜어줄 수도 있습니다. 적어도 이인삼각처럼 "당신이 앞에 서서 받쳐주지 않으면 나는 못 일어나"라는 응석은 부리지 않아도 됩니다.

이인사각의 관계란 이처럼 서로가 자립한 서로를 적절하게 돕고 공감할 수 있는 모습인 것입니다. 이런 관계를 이룰 수 있는 요령이나 누구와도 적절한 거리를 유지하는 요령은 사실 같은 것입니다. 때로는 살짝 떨어져서 옆에서 바라볼 수 있고, 또 손을 내밀어 금세 가까워질 수 있는 그런 사이가 가장 좋습니다.

누군가를 위해
돈을 쓴다는 것

돈은 돌고 도는 것이라고 하는데 정말 그런 것 같습니다. 돌고 돌아야 의미를 더하는 돈을 너무 인색하게 자기 주머니에 넣어두는 것은 손해입니다. 모처럼 순환하고 있는 돈의 흐름이 자신을 피해가게 되기 때문입니다. 그러니까 돈이 있을 때, 사정이 넉넉할 때는 소중한 누군가를 위해 그 돈을 써보는 것도 방법입니다. 대접하는 것도 좋고, 빌려주는 것도 좋습니다.

자기 주머니에서 나온 돈이 적당히 흐르면 그것이 마중물이 되어 다음 돈이 흘러 들어옵니다. 경제의 기본은 그렇게 단순한 원리로 움직이고 있는 것입니다.

이 말은 절대 낭비하라는 의미가 아닙니다. 돈은 절약해서 모아야 할 때도 있지만 너무 인색하게 그저 쌓아두기만 해서는 안 됩니다. 자기가 가진 돈을 남을 위해 쓰기 싫어한다면 그건 자신이 받은 은혜를 내놓기 꺼려하는 것입니다. 자기가 받은 은혜를 다른 모두에게는 베풀지 않는다는 것을 의미합니다.

그러니까 대접할 수 있을 때는 누군가에게 대접하는 겁니다. 대접받을 수 있을 때는 사양 말고 대접받읍시다. 그렇게 돈의 흐름을 매끄럽게 함으로써 보다 풍요로운 돈을 손에 넣게 되는 것입니다.

돈에 관해서는 예민하게 생각하는 사람들이 많습니다. 그렇다면 '돈'을 모두 '사랑'으로 바꾸어보면 어떨까요. 그러면 '돈은 돌고 도는 것'이라는 말은 '사랑은 돌고 도는 것'이라는 말이 되겠군요. 아주 값진 인생교훈입니다.

돌고 돌아야 의미를 더하는 사랑을 너무 인색하게 자기한테 붙들어두면 모처럼 순환하고 있던 사랑의 흐름이 자신을 피해가게 되는 겁니다. 그러니까 마음에 여유가 있을 때, 베풀 수 있는 사랑이 있을 때는 소중한 누군가를 위해 그 사랑을 베풀어보는 것도 방법입니다. 어리광을 받아주는 것도 좋고 부탁받았다면 기꺼이 도와주는 것도 좋습니다. 자기가 베푼 사랑이 적당히 흐르면 그것이 마중물이 되어 다음 사랑이 돌아옵니다. 사랑도 경제처럼 그 기본은 단순한 원리로 움직이고 있습니다.

받은 사랑을 자기 안에 간직하고 있어야 할 때도 물론 있습니다. 하지만 자기 안에 담아놓기만 하거나 끊임없이 사랑을 받는데도 더 받기만을 바라서는 안 됩니다. 모처럼의 사랑을 풍부하게 표현하기 싫어한다면 그건 자기가 받은 은혜를 베풀기를 아끼는 것이며, 다른 누구에게도 베풀지 않겠다는 것을 의미합니다.

그러니까 대접할 수 있을 때는 누군가에게 대접하는 겁니다. 대접받을 수 있을 때는 기꺼이 대접받읍시다. 사랑을 받을 때는 감사히 받고, 사랑을 줄 때는 기분 좋게 주는 겁니다. 그렇게 사랑의 흐름을 원활하게 함으로써 보다 풍부한 사랑을 얻는 것입니다.

그렇지 않을까요? 사랑도 돌고 도는 것입니다. 그러니까 인색하게 굴어서는 안 될뿐더러 받는 입장이 된 것을 비하해서도 안 됩니다.

받은 사랑에 대해서는
제대로 보답하자

누군가를 대접할 때 당신은 어떤 기분으로 하나요? '내가 대접해준다' 하는 기분인가요? 그보다 상대방이 나에게 대접할 기회를 준다고 생각하면 어떨까요? "오늘 저녁, 내가 낼게"보다 "오늘 저녁은 내가 사게 해줘"가 낫겠지요. "이거 사줄게"보다 "이거 선물하게 해줘"라고 하는 편이 더 멋집니다. 그렇지 않나요? 당신에게서 흘러나가는, 돈이라는 형태의 사랑을 상대방이 받아주는 거니까요. 그 편이 자연스럽고 기분 좋지 않습니까?

반대로 뭔가 대접받을 때 당신은 어떤 기분이 듭니까. 돈을 쓰게 해서 미안하다는 마음입니까? 그것은 무의식중에 자신을 비하하는 것입니다. 대접을 하든 대접을 받은 저자세일 필요가 없습니다. 다음 기회에는 당신이 대접하고 상대방이 대접받는 입장이 될 수도 있는 겁니다.

지금은 수입이 적거나 사정이 있어서 당분간은 대접하는 입장이 되기 어렵다 해도 언젠가는 반드시 대접할 수 있습니다. 언젠가 그럴 수 있게 될 때 잊지 않고 꼭 보답하면 됩니다.

사랑도, 돈도 돌고 도는 것입니다. 그렇다고 해서 대접해준 그 사람에게 꼭 보답해야 하는 건 아닙니다. 그렇게 생각하면 무의식적으로라도 비하한다는 건 우스운 일이죠? 그저 당당하게 가슴을 쭉 펴고 "고마워"라고 말하면 되는 겁니다. 고마움을 분명하게 표현하는 것만으로도 자기가 받은 사랑에 확실히 보답할 수 있습니다.

그런 넉넉한 나눔이라면 가능한 한 많은 사람과 함께 하고 싶지 않습니까? 자선 단체에 기부한다든가 후원금을 보내는 일도 달리 보면 대접하는 것이잖아요. 나눔의 고리는 얼마든지 넓힐 수 있습니다.

저는 가족이나 부부 사이라도 대접하고 대접받을 수 있다는 건 멋진 일이라고 생각합니다. 남편이 "이번 달은 여유비가 있으니까 오늘은 외식하자. 내가 저녁 살게"라고 하면 아내는 "신난다. 고마워, 여보!"라고 합니다. 또 반대로 아내가 여유가 있을 때는 "오늘은 내가 낼게. 한잔 하러 나가자" 하면 남편은 "어, 그거 고마운데. 뭐 먹고 싶어?"라고 응할 것입니다. 소박한 저녁일지라도 어떻습니까? 기분 좋은 나눔은 분명 사람을 행복하게 만듭니다.

누구하고든 이런 형태의 나눔이라면 뒤탈이 없습니다. "항상 내가 내잖아"라든지 "내가 샀으니까 다음엔 네가 사" 하는 그런 인색한 기분은 들지 않지요. 당신 주위에도 분명 있을 겁니다. "오늘은 내가 내게 해줘"라고 하면 "신난다! 고맙게 먹을게"라고 할 수 있는 기분 좋은 나눔이 가능한 누군가가 있을 겁니다. 그런 사람을 소중하게 여겨주세요.

또, 마음을 전하기 위한 방법으로 선물이 있습니다. 고마

운 일이 생겼을 때 보답하는 의미로 주는 선물은 인색해서는
안 됩니다.

"고맙다고 해서 일일이 선물을 하다니, 그건 지나치다!"

이렇게 이야기하는 사람도 있겠지요. 하지만 그렇게 인
색해서는 안 됩니다. 돈이란 건 쓸 수 있으면 쓰는 게 좋습니
다. 돈은 써야 돌아오는 것. 써야지 더 풍족해지는 법입니다.
물론 선물하는 데 매번 돈을 쓸 필요는 없습니다. 고마운 일,
대접할 만한 일이 있을 때 돈이 부족하다면 편지로 마음을
전해도 좋습니다. 무슨 일이든 그렇지만 할 수 있는 만큼, 할
수 있을 때, 할 수 있는 형태로 하는 걸로 충분합니다. 그러
면 돈을 쓰지 않더라도 마음을 전할 수 있습니다.

어떤 사람으로 기억될지는
나에게 달려 있다

호의를 표현하는 방법은 아주 단순합니다. 미소 띤 얼굴과 인사, 그게 방법입니다. 너무 당연한 이야기 같지요? 맞습니다. 정말 너무나 당연한 일입니다. 하지만 그 당연한 일이 이루어지고 있지 않기 때문에 친해지고 싶은 사람을 만났음에도 좀처럼 친해지지 못해 고민하는 사람이 의외로 많습니다.

분명 오며가며 인사는 하고 있는데 자기도 모르게 무뚝뚝한 얼굴을 하고 있는 사람이 있습니다. 인사하면서 눈은 딴 데를 보고 있는 사람도 있습니다. 반대로 얼굴은 웃고 있는 것 같은데 말이 불분명한 사람도 있습니다. 개중에는 무표정한 얼굴로 말을 안 하는 사람도 있지요.

'무뚝뚝한 얼굴이지만 깍듯하게 인사'

'눈은 딴 데를 보지만 인사를 하기는 함'

'웃는 얼굴이지만 대화는 안 함'

'무표정에 말 없음'

이중에서 어떤 타입이 최악일까요. 마지막 타입이 최악임이 틀림없겠지요. 최악의 타입을 고수하면서 누군가에게 호의를 전하기란 매우 곤란한 일이라고 생각하지 않으세요? 그런데 의외로 그런 사람이 많습니다. 자신이 그렇다고는 생각하지 못하는 사람, 무표정한 얼굴로 말도 별로 안 하면서 자기는 아무리 해도 사람들과 교제하기가 힘들다고 투덜대는 사람 말이죠. 자기가 한 행동은 되돌아보지 않고 "나는 모두에게 이해받지 못해. 아무도 받아주지 않아. 세상은 너무 각박해" 하고 불평하는 거죠.

물론 나름대로 이유나 핑계가 있을 겁니다. 그날 따라 기분이 안 좋았다든지 마침 짜증이 나 있었다, 자기는 분명히 상냥하게 인사했는데 주위 사람들이 알아주지 않는다, 매일 만나는 사이라 굳이 신경 써서 인사하지 않아도 다 통할 것이다, 제대로 대화하고 싶지만 새삼스럽게 말을 거는 건 쑥스럽다 등의 이유 말입니다.

하지만 아무리 이유나 핑계거리가 있더라도 호의를 전하고 싶은데 전하지 못하고 있다면 다시 생각해보는 게 좋습니다. '어쩌다가'라고 핑계를 대지만 그 '어쩌다가'가 매일이 되어버린 사람도 있으니까요.

생각을 바꾼다는 것을 거창하게 생각할 필요는 없습니다. 누군가와 얼굴을 마주할 때는 늘 상냥한 얼굴과 밝은 목소리로 일관하면 됩니다. 그 정도는 몸이 좀 안 좋거나 실연 직후라도 가능한 일입니다. 겨우 한순간이니까요. 당신이 상냥한 얼굴로 명랑하게 인사하면 상대방 또는 주위의 시선은 적잖이 당신에게 끌릴 겁니다. 당신에게도 상냥한 얼굴, 명랑한 인사가 되돌아올 확률이 높아집니다. 매일매일 그렇게 하다 보면 항상 밝고 풍부한 표정을 지닌 사람이 됩니다. 그러면 컨디션이 좋지 않더라도 내가 건네는 인사 한마디에, 돌아오는 인사 한마디에 저절로 기분이 끌어올려집니다.

거꾸로, 화난 표정으로 말도 안하는 사람에게는 아무리 주위 사람들이 거들어주려고 해도, 호의를 베풀어 조금이나마 편하게 해주고 싶어도, 말 한마디 거는 것조차 주저하게 됩니다. 당신은 어떤 사람이 되고 싶은가요?

만나면
기분 좋은 사람이 되는 방법

A는 아침에 눈뜨자마자 자기 자신에게 하는 인사도 상냥한 얼굴, 밝은 목소리로 합니다. 가족에게 아침 인사를 할 때도 마찬가지입니다. 돌아오는 밝은 인사에 정말 기분 좋은 아침을 맞을 수 있습니다. 한편 B는 아침에 일어나 자기 자신에게 하는 인사부터 건너뜁니다. 물론 가족에게도 아침 인사는 생략합니다. 당연하게도 아침의 기분은 늘 왠지 모르게 가라앉아 있는 것이 보통입니다.

A는 잘 다녀오라는 말로 가족들의 배웅을 받으며 외출하

기 때문에 집을 나서서도 계속 유쾌합니다. 길을 가다가 누굴 만나면 자기도 모르게 미소짓게 되고 좋은 하루를 기대할 수 있습니다. B는 다녀오겠다는 말도 하는 둥 마는 둥 하고 집을 나설 때에도 왠지 짜증스럽습니다. 지나치는 풍경이나 다른 사람들에게 신경 쓰기도 싫습니다.

두 사람 다 아침의 기분 그대로 회사든 학교든 오늘 하루를 함께 보낼 사람들이 있는 곳에 도착합니다. 물론 A는 상쾌하게 웃으며 등장하기 때문에 그를 바라보는 모두의 시선도 밝고 그 덕분에 순식간에 호의적으로 받아들여진 데 대한 기쁨을 느낍니다. 반대로 B는 쏟아지는 모두의 시선도 왠지 부담스럽게 느껴져서 고개만 꾸벅 숙이고 자리에 앉습니다. '오늘도 지겨운 하루 시작이다' 하는 생각이 듭니다.

누군가에게 사랑받고 싶다면, 많은 사람에게 사랑받고 싶다면, 모두를 좋아한다고 전하고 싶다면 밝은 미소는 기본입니다. 사람끼리는 이심전심이라고 말하는 사람도 많지요. 하지만 이심전심이라는 말이 꼭 기쁜 감정에만 해당되는 것이 아닙니다. 당신이 불안하다면 혹은 상대방이 불안하다면 거기서 그치지 않고 주위의 누구나 불안해지기 쉽다는 말이니까요.

오늘 이 사람은 기분이 좋을까. 이 사람은 나에게 호의를 갖고 있을까. 누구나 항상 그것이 신경 쓰여 견딜 수가 없습니다. 그러니까 표정과 말로 서로 표현하는 게 좋습니다. 그러는 편이 모두 마음 편합니다. 서로의 호의는 안심을 바탕으로 성립하고, 안심해야 이심전심에 맡길 수 있는 경우도 있는 것입니다.

그러니까 소중한 사람, 속속들이 다 아는 사람일수록 밝고 상냥하게 대해야 한다는 걸 명심하세요. 남편에게, 아내에게, 연인에게, 친구에게, 동료에게 그리고 가능하다면 세상 모든 사람에게 언제든지 밝고 상냥하게 대할 수 있는 사람은 마음에 없는 아부를 하거나 걱정을 하지 않아도 모든 사람에게 사랑받습니다.

내 주장을 분명히 하면서도
미움받지 않는 요령

"저는 그렇게 생각하지 않아요."

"난 당신과 달리 이렇게 생각해요."

이런 주장을 하기가 참 힘들다고 느낄 때가 있습니다. 그런 말을 했다가 상대방이 싫어할지도 모른다는 걱정을 할 바에는 입 다물고 있는 게 낫다고 생각될 때가 종종 있죠. 하지만 당신의 정신 건강을 생각해본다면 그리고 당신이 행복하고 풍요롭게 살아가길 원한다면 주장하고 싶은 것은 염려 말고 분명히 주장하세요. 분명하게 주장하면서도 상대방이 싫어하지 않도록 하는 건 실은 매우 간단합니다.

이런 상황을 상상해보세요. 누군가와 함께 쇼핑을 합니다. 당신은 오늘 원피스 한 벌을 사려고 합니다. 당신에게 어울릴 만한 옷을 물색하던 중 일행이 옷을 건넵니다.

"이거 너한테 잘 어울리겠는데? 이거야 이거!"

하지만 당신 눈에는 썩 맘에 들지 않습니다. 자, 당신은 어떻게 하시겠어요?

"이게 나한테 어울릴 거라고? 아닐걸. 내 취향도 절대 아니고. 완전 틀렸어."

이런 말을 하면서 상대가 모처럼 골라온 옷을 쳐다보지도 않는다면 당신은 미움을 사게 될지도 모릅니다. 왜냐면 자기 생각을 주장하면서 상대방을 비난하고 있으니까요. 이릴 때는 먼저 골라준 물건을 고맙다는 말과 함께 받습니다. 그리고 '평소 내 취향과는 다르지만 어쩌면 어울릴지도 모르겠다'고 생각해봅시다. 자신의 취향과 다른 옷을 입어본다는 것은 잘하면 자신의 취향과 감각의 폭을 넓힐 수 있는 기회가 될지도 모르니까요. 오히려 재미있는 일 아닙니까?

아무리 자기 감각에 자신이 있어도 다른 감각을 절대로 받아들이지 않는다는 건 손해입니다. 그러니 거울 앞에 서서 몸에 대고 비춰보며 어울리는지 골라준 사람의 의견을 물어보는 겁니다. 물어보면서 이미 스스로 어울린다고 생각할지도 모르겠네요. 그렇다면 그걸로 OK. 하지만 아무래도 아니다 싶으면 이렇게 말합니다.

"미안한데 지금 사고 싶은 건 이런 게 아니란다."

그걸로 충분합니다. 그 이상 뭐라고 덧붙일 필요는 없습니다. 그건 미움을 사지 않기 위해서라기보다 상대방의 기분을 존중하기 위해서입니다. 무슨 일에 대해서든 주장을 할 때는 상대방을 존중하는 것이 중요합니다.

생각해보세요. 당신의 의견, 당신의 주장은 당신의 취향, 감각, 사고방식, 경험 등에서 나오는 것입니다. 그렇기 때문에 자기 의견이 절대로 옳다고 생각하는 것인지도 모릅니다. 다른 사람들도 마찬가지입니다. 누구나 자신의 모든 것을 집약하여 의견을 말하고 주장하는 것입니다.

모든 사람이 자신의 의견, 주장, 취향, 감각 등을 누구에게나 인정받고 싶어합니다. 그런데 자기 주장만 하고 상대를 존중하지 않는다면 어떻게 될까요. 자기 의견을 관철시키기 위해 상대편을 꼼짝 못하게 밀어붙인다면 그것은 상대방에게 상처를 주는 일이겠지요. 상대방을 화나게 하고 말 것입니다. 남에게 상처를 주는 사람, 늘 남을 화나게 하는 사람은 당신도 싫겠지요?

"오늘은 뭘 먹을까?"

"국밥 먹자."

"촌스럽기는, 넌 미식가는 아니구나."

자기 주장을 하면서 상대에게 상처를 주는 대화입니다.

"저 영화 다음 주에 개봉한다는데 꼭 보고 싶다!"

"저런 영화가 뭐가 재미있겠어?"

보고 싶어 했던 사람은 상대방에게 자기 자신이 거부당한 듯한 느낌을 받습니다. 저는 늘 이런 대화를 하고 싶습니다.

"오늘은 뭘 먹을까?"

"국밥 먹자."

"아, 그것도 좋겠다. 근데 미안하지만 나 오늘은 다른 게 땡기는데. 파스타는 어때?"

그래도 상대가 "국밥이 먹고 싶어"라고 한다면 그쪽을 즐기는 것도 방법 아닐까요?

"저 영화 다음 주에 개봉한다는데 꼭 보고 싶다!"

"재미있을 것 같아?"

"이러저러해서 재미있을 것 같아."

"그렇겠네. 그럼 이 영화는 어때? 내용이 어떻게 되나면……"

상대방의 의견을 부정하지 않고도 자기가 보고 싶은 영화가 있다면 재미있는 점을 설명해보는 것입니다. 일을 할 때는 다음처럼 조금 더 자기 주장에 힘을 싣는 것이 좋습니다.

"일을 이렇게 하면 잘 될 것 같은데……."
"그렇겠다. 근데 여긴 이렇게 하면 더 좋지 않을까?"
"그렇지만……."
"음, 좋은 생각이란 건 알겠어. 그러니까 더더욱 여긴 이렇게 하는 게 더 좋은 결과가 나올 거라고 생각해."

자기 의견을 분명히 주장한다는 것은 실은 상대방의 의견을 분명히 받아들이는 것과 표리관계에 있습니다.

일생에
단 한 번 만나는 사람이라고 생각하라

사람을 만나다 보면 싫은 사람, 상대하기 거북한 사람이 있습니다. 그런 사람과 함께 시간을 보낸다는 건 여러모로 상당히 피곤해지기 쉽습니다. 하지만 좋은 사람만 만날 수는 없다는 걸 우리는 이미 잘 알고 있습니다. 그래서 싫은 사람과도 잘 지낼 수 있는 요령이 필요한 것이겠지요. 그 요령은 간단히 말하자면 이렇습니다. '그 순간, 그 자리만을 소중하게 생각하는 것', 이것이 요령입니다.

　이해하기 어렵다구요? 그럼 이렇게 말해볼까요? 그전에

그 사람에 대한 싫은 기억이 있다든가, 자기를 화나게 했다든가, 상처를 받았다든가 하는 그런 일은 모두 잊고 그 순간 그 자리의 일을 소중히 생각하면 되는 겁니다.

다소 극단적이지만 그 자리를 떠나면 그것으로 끝, 두 번 다시 만나지 않을 거라고 생각하는 것이죠. 날마다 얼굴을 마주쳐야 하는 상대라도 그렇게 생각하면 됩니다.

어려울까요? 그 자리가 끝이라고 생각해도 분함이나 억울함이 남을까요? 분함이나 억울함이 남는다면 그건 상대방에게 뭔가를 바라고 있기 때문입니다. 상대방과 사이 좋게 지내고 싶어하기 때문인지도 모릅니다. 그렇다면 더더욱 전에 있었던 일이나 앞으로 있을 일은 생각하지 말고 그 순간 그 자리에서 상대방을 바라보면 되는 겁니다.

사람의 만남은 평생 단 한 번뿐. 어쩌면 그 순간부터 지금까지와는 전혀 다른 좋은 관계가 시작될지도 모릅니다.

애당초 누구나가 싫어하는 사람이라면 평범한 사회생활을 하고 있을 리가 없습니다. 당신은 알지 못해도 그 사람을 좋아하는 사람, 그 사람을 받아들이는 사람이 어딘가에 있기 때문에 그 사람도 평범한 사회생활을 하고 있는 것이지요.

어쩌면 그 사람을 싫어하는 것은 당신 한 사람뿐인지도 모릅니다. 다른 사람들은 그 사람을 당신이 상상하는 이상으로 평가하고 있을지도 모르지요. 그렇다면 그 사람을 싫어하는 원인은 당신한테 있는 것 아닐까요? 당신을 탓하려는 것은 아닙니다. 그 사람이 바뀌지 않는다면 내 마음이 불편하지 않도록 바꿔보자는 것이지요.

저는 이런 가능성을 늘 염두에 두고 지내는 것이 매우 중요하다고 생각합니다. 자신이 더 행복해지고 풍요로워지기 위한 매우 소중한 방법이라고 생각하는 거죠.

그러니까 전에 싫어하던 사람이라도 다음에 만날 때는 생긋 웃으면서 인사하는 것을 잊지 않습니다. 그리고 싫은 느낌을 완전히 떨쳐버리는 것까지는 못해도 '이 사람에게도 좋은 면이 있을지 모른다'는 생각을 가지고 좋은 면을 발견하려고 노력합니다.

뜻대로 되지 않아 그날도 역시 저 사람이 싫다는 생각으로 끝났다면 헤어지고 난 후 완전히 잊어버립니다. 그것이 저를 위해서 좋기 때문입니다.

기분 좋은 인사는 사실 싫어하는 사람, 상대하기 거북한 사람에게일수록 제대로 하는 것이 좋을 수도 있습니다. 생굿 미소 지으며 인사하는 당신에게 여전히 싫어하는 짓을 계속할 사람이 있을까요? 심술쟁이라면 그럴 거라구요? 정말 그럴까요?

그럼 한 번 시험해보세요. 자신을 괴롭힌다고 생각될 정도로 싫은 사람에게 계속해서 생굿 웃으면서 인사를 해보면 어떻게 될지. 제대로 일주일 정도 계속한다면 분명 달라질 겁니다. 싫어도 만나야 할 사람이라면 그렇게 처세술을 익히는 것이 슬기롭습니다.

화를
무조건 참는다고 해결될까?

화난 표정, 토라지는 것, 외면하는 것……. 이런 것들은 내가 화났다는 것을 표현하는 방법으로는 서툴다고 생각합니다. 주위의 사람에게는 무엇이, 누가, 어떻게 나빴는지가 전해지지 않기 때문이죠. 이유도 모르게 기분이 상해 있는 사람이 옆에 있으면 주위의 다른 사람들도 어느새 불쾌해지고 맙니다. 그럼 화가 나도 꾹 참는 게 좋을까요? 불쾌한 일이나 성가신 일이 있어도 표정 하나 바꾸지 않고 마음속에 담아두고 지내는 것이 좋을까요?

물론 처음부터 화가 나지 않도록 여유 있는 마음을 가지고 있는 것이 가장 좋겠죠. 무슨 일이든 웃어넘길 줄 아는 성격이 된다면 좋겠습니다. 하지만 화를 내지 않고 살아가는 일이 가능할까요? 누구나 완벽하지는 않기에 그렇게 하기가 쉽지 않습니다.

그렇다고 화가 나고 불쾌해도 마음속에 담아두기만 한다면 결국 스트레스만 쌓이게 됩니다. 적당히 발산할 수 있다면 좋겠지만 평소 무뚝뚝하고 어두운 성격인 사람은 그것도 뜻대로 되지 않지요.

결국 마음에 들지 않는 일, 화나는 일이 있으면 감정을 표현하는 것이 좋습니다. 화나거나 불쾌한 이유를 싫은 사람 또는 화나게 한 사람에게 분명하게 전하는 것이 좋습니다.

마음속에 화를 담아두면 부정적 에너지를 발산하게 됩니다. 부정적 에너지는 자기 마음뿐만 아니라 주위 사람들의 마음에도 영향을 미칩니다. 서로의 마음과 마음의 유대관계를 삐걱거리게 하고, 찝찝한 뒤끝을 남겨 스트레스를 유발합니다.

하지만 분명하게 잘 표현된 화는 긍정적 에너지를 발산합니다. 긍정적 에너지는 서로의 마음과 마음의 유대관계를 돈독하게 합니다. 화난 것을 표현하는 것은, 즉 스트레스를 발산하는 것이기 때문에 뒤끝이 남지 않습니다. 어떻게 하면 화를 잘 낼 수 있을까요? 세련되고 우아하게 화를 낼 수 있는 방법은 무엇일까요? 다음 페이지에서 사례를 함께 살펴봅시다.

세련된 방법으로
화를 내라

싫거나 불쾌한 생각이 들면 A와 B 모두 일단은 화가 납니다. 그러나 두 사람의 행동은 전혀 다릅니다. 우선 B의 행동 패턴부터 볼까요? B는 화가 남과 동시에 상대방을 노려봅니다. 그리고 점점 얼굴이 붉어지더니 한순간에 폭발하듯 상대방에게 퍼붓습니다.

"도대체 당신, 어쩔 거야! 도저히 못 참아! 사과해!"

그 정도로 끝나면 다행인데 이건 끝도 없이 계속됩니다.

"당신은 항상 그렇잖아. 일전에도, 그전에도……."

지나간 일까지 거슬러 올라갑니다. 그전에 화났던 것까지 끄집어냅니다.

"그러니까 당신을 싫어하는 거야. 이런 면도 싫고 저런 면도 싫어. 당신 같은 사람은 딱 질색이야!"

화가 난 원인과 상관없이 상대방의 인격까지 상처를 입히고 마는군요. 여기까지 오면 상대방도 오기가 생깁니다. 사과하려고 했다가 거꾸로 화가 납니다. 화가 난 원인 따위는 이미 상관도 없습니다. 그러다가 마지못해 화도 나고 뭔가 개운치는 않지만 상대방은 사과를 합니다. 상대방에게 사과를 받고 나면 더 이상 흥분하는 것도 어른스럽지 못하니까 B는 조용해집니다. 하지만 상대의 기분도 가라앉지 않습니다. 화가 풀리지 않습니다. 양쪽 모두 씁쓸한 나쁜 결말입니다. 이런 B가 늘 버릇처럼 하는 말이 있습니다.

"난 화를 좀 잘 내는 성격이지만 뒤끝은 없어. 금방 잊어
버리거든."

하지만 B에 대한 주위의 평판은 어떨까요?

"B는 툭 하면 히스테리를 부려. 비위 건드리지 말고 가까
이하지 않는 게 좋아."

화가 히스테리가 되어 발산되는 타입은 손해밖에 남는
게 없습니다. 반대로 A의 행동 패턴은 이렇습니다. A는 화
가 나면 눈을 감습니다. 그리고 잠시 심호흡을 합니다. 그다
음 아랫배에 힘을 주고 천천히 상대방을 부릅니다.

"저기 미안하지만 내 말 좀 들어줄래?"

조용하지만 힘 있는 목소리로 말하면 상대방도 피할 수
는 없습니다.

"난 네가 방금 말한 이런 점이 불쾌하고 화가 나. 무슨 생각으로 그런 말을 한 거야?"

상대방이 어떤 사람이냐에 따라 이 단계에서 해결이 될 수도 있습니다. 자기 잘못을 알았다면 사과할 것입니다. A의 흥분도 완전히 가라앉겠지요. 하지만 잘못했다고 생각하면서도 왠지 잘못을 인정하고 싶지 않다면 상대방은 변명을 할 것입니다. 그때 A는 이렇게 대응합니다.

"알아, 네 기분은 알겠는데 난 화가 나. 변명을 듣기보다 사과를 듣고 싶어."

A는 상대방에게 지금까지 쌓인 불만이 많더라도 지난 일을 들추어내거나 하지는 않습니다. 현재 문제가 되고 있는 일만 생각하며 계속 말을 이어갑니다.

"나도 실수할 때가 있고, 남을 불쾌하게 하는 일도 있어. 폐를 끼치기도 하고 화나게도 해. 인간이니까 그럴 수 있어.

그러니까 더더욱 난 사과하는 것을 중요하게 생각해."

이렇게까지 부드럽게 화를 내는데 외면한 채 끝까지 피하는 사람은 거의 없습니다. 이내 순순히 사과를 할 것입니다. A의 마음에 약간의 응어리는 남을지 모릅니다. 물론 잘못은 했더라도 사과하는 쪽도 힘든 법입니다. 역시 응어리가 남겠죠. 하지만 A는 그 남아 있는 응어리도 멋지게 해소시켜 버립니다. 사과를 받는 즉시 이렇게 말하는 겁니다.

"사과해줘서 고마워. 이걸로 해결됐지?"

아주 세련된 뒤처리 아닙니까? 실은 저라고 항상 A만큼 멋지게 대응할 수 있는 건 아닙니다. 저도 모르게 신경질적이 될 때가 있습니다. 하지만 나중에 안 좋은 기억이 남지 않도록 노력은 하고 있습니다. 당신도 그렇겠지요? 가끔은 욕도 하고 소리를 지를 때도 있겠지요? 그래도 괜찮습니다. 다만 화가 가라앉은 뒤에는 상대방을 용서하시길 바랍니다.

그리고 용서했다는 것을 분명하게 말로 전해야 합니다.

용서한다는 것 역시 사랑의 표현입니다. 자신을 화나게 한 상대를 사랑하라니 좀 억울하다고 느낄지도 모르겠군요. 하지만 해보면 아실 거예요. 상대를 용서한다는 건 자신을 용서하는 것과 상통합니다. 상대방을 사랑해보면 욕을 하고만 자신도 다 용서하고 사랑할 수 있다는 것을 알게 됩니다.

사랑의 힘은 위대합니다. 작은 사랑도 거듭되면 욕을 할 정도로 거칠고 메말랐던 마음을 차츰 둥글게 변화시킵니다. 작은 사랑을 계속 베풀면 주위 사람들의 마음도 둥글게 변합니다.

기분 상하지 않게
거절하는 법

영미권에서는 남의 호의적인 제의를 거절할 때 "No, Thank You"라는 말을 사용합니다. 전 이 말이 매우 편리하고 기분 좋은 말이라고 생각합니다. "No, Thank You"라는 짧은 말 속에 '아니오'라는 거절의 뜻뿐 아니라 호의에 대한 감사 표현인 '고맙다'는 말이 들어 있다는 게 놀랍습니다.

우리는 평소에 주고받는 대화 속에서 말이 갖는 특별한 의미를 별로 의식하지 않습니다. 하지만 별로 의식하지 않고 사용하고 있음에도 불구하고 별 뜻 없는 말이 마음의 상태를 놀랄 만큼 정확하게 반영하고 있기도 합니다. 제 친한 친구가 전에 이런 이야기를 해준 적이 있습니다.

"난 무슨 말을 할 때 뭐든지 '미안해요'라고 했었어. 선물을 받아도 '미안해요' 누군가에게 신세를 져도 '미안해요', 그런데 이거 좀 이상한 거 아닌가 하는 생각이 들었어. '미안해요'는 감사하는 게 아니잖아. 그런 생각이 들어서 감사는 분명하게 하자, '고맙습니다'라는 말을 분명하게 쓰도록 하자고 그렇게 결심했어."

하지만 그 결심을 실행하려고 하자 의외의 거부감이 있었습니다. 그녀의 마음이 상당히 고집스럽게 거부하고 말았습니다.

"미안하다는 말이 더 편하다고 할까, 상대방과 그다지 연결 짓지 않아도 대충 할 수 있어. 고맙다고 말하려면 상대방에게 분명하게 마음을 기울이지 않으면 안 되거든. 다시 말하면 마음과 마음을 나누는 말이지. 무심코 내뱉던 '미안해요' 대신 '고맙습니다'를 언제라도 자연스럽게 무리 없이 쓸 수 있게 되기 위해서는 큰 노력이 필요했어."

당신이 길을 걷다가 물건을 떨어뜨렸습니다. 그러면 본 적도 없고 알지도 못하는 누군가가 "물건이 떨어졌어요"라고 말하며 주워서 건네주겠지요. 받아들 때 당신은 뭐라고 말합니까? "고맙습니다"라고 말하잖아요. 상대방의 호의에 분명히 감사를 표현하는 말이지요.

그런데 혹시 당신이 습관적으로 "미안합니다"를 사용하는 사람이라면 한번 시험해보세요. 무슨 일에든 분명하게 "고맙습니다"로 응할 수 있게 되는 데는 굉장한 노력이 필요할 것입니다. 말이란 아무 의식도 없이 입버릇처럼 쓰는 것 같아도 놀랄 만큼 마음의 모습을 반영한다는 의미겠죠.

그러니까 영미권에서 "No, Thank You"를 말할 때는 "No"라는 거절의사와 함께 "Thank You"라는 감사의 마음이 분명하게 우러나온다는 것입니다. 그렇게 생각해보면 짧은 한마디의 입버릇이라고 해도 의연하게 감사를 잊지 않는 말, 매우 기분 좋은 표현 아닙니까? 이건 누군가의 호의에 대한 거절로써 가장 이상적인 표현 중 하나인 것 같습니다. 같은 마음을 우리말로 표현한다면 어떻게 될까요.

"고맙지만 됐습니다."
"고맙지만 필요 없습니다."
"마음은 고맙지만 거절하겠어요."

저런, 의외로 어렵군요. 뭔가 어색하고 자연스럽게 표현하려고 하면 거절이 애매해지기 쉬운 느낌도 들지요? 아무래도 우리의 정서에서는 감사하면서도 분명하게 거절하는 것이 워낙 서툴기 때문인지도 모릅니다. 그렇다면 더더욱 이 테마는 명심하시길 바랍니다.

과연 무언가를 거절한다는 것은 상대방의 호의를 무시하는 것일까요? 거절하는 것은 상대방의 마음을 받아들이지 않고 서로의 관계를 상처 입히는 것일까요? 그렇지 않습니다. 거절할 것을 분명하게 거절하지 않는 것이 오히려 상대방과의 관계를 위태롭게 만듭니다.

바로 그 때문에 상대방이 눈치채주길 바라면서 애매하게 표현하는 것이 낫다고 생각하는 사람도 있을지 모르겠군요. 그런데 상대방이 눈치채주길 바라는 마음 뒤에는 상대방에게 기대는 부분이 없는 걸까요? 지나치게 의지하고 있기 때문에 애매한 채로 지내려고 하는 건 아닐까요?

"오늘 시간 있어? 괜찮으면 같이 밥 먹을래?"
"오늘은 좀……, 아쉽지만……."

애매한 거절입니다. 그 대신 이렇게 말해봅시다.

"고마워. 하지만 오늘은 선약이 있는걸. 다음에 같이 가자."

분명하게 거절하면서도 정이 오가고 있습니다. 저는 일을 하는데 뭔가 거절해야 할 경우에도 고맙다는 마음을 덧붙이는 걸 잊지 않습니다. 모처럼 일 제안을 받았는데 스케줄 등의 사정으로 거절해야 한다면 분명하게 말합니다.

"감사합니다. 하지만 이번에는 사정이 있어서, 아쉽지만 안 되겠어요."

일이기 때문에 애매하게 대처해서는 나중에 폐를 끼칠 수가 있습니다. 애매한 표현으로 상대방이 눈치채주길 바라는 건 당치 않습니다. 그러니까 분명하게 거절하면서도 기회를 주려고 했던 것에 대해 감사하는 겁니다.

더 친한 사이라면 "미안. 오늘은 안 되겠어"라고 해도 좋습니다. '미안'이라는 말에는 분명 감사의 의미도 들어 있으니까요. 모처럼 자기에게 부탁해주었는데 그것이 '지금은 불가능하다, 들어주지 못해서 미안하다' 하는 기분이 잘 들어 있지 않습니까? 기분 좋게 거절하는 법이란 그런 것입니다. 분명하게 거절하면서 동시에 감사의 마음을 덧붙이는 것. 다시 말해 "No, Thank You"인 거죠.

실제로는 여러 가지 상황이 있을 수 있으니까 감사의 말보다도 사과의 말이 더 어울리는 경우도 있겠지요. 하지만 글자를 보면 사과하는 것도 감사하는 것의 일종이며 감사란 바로 다른 누군가에 대한 사랑의 표현입니다.

"감사합니다"라는 말을 들었을 때 기분이 좋아지는 이유
는 사랑의 마음이 들어 있기 때문입니다. "감사합니다"라는
말을 하면 기분 좋은 이유는 자기 안의 사랑이 조금이나마
움직이고 있기 때문입니다.

내 감정만 앞세운다면
행복한 관계가 되기 어렵다

아주 소중한 사람이란 보통은 연인을 의미할까요? 그렇다고
한다면 저는 연인에게 어리광 부리는 방식이 매우 중요하다
고 생각합니다. 서로가 분명히 사랑하고 있는지, 둘의 사랑
을 키울 수 있을지는 얼마나 어리광을 잘 부리느냐에 달려
있기 때문입니다. 연인끼리라면 언제든지 함께 있고 싶어하
는 것이 당연합니다. 하지만 함께 있는 시간이 행복한 것과
항상 달라붙어 있지 않으면 직성이 풀리지 않는 것 사이에는
매우 큰 차이가 있습니다. 다음 사례를 함께 살펴봅시다.

A에게는 너무나 좋아하는 연인이 있습니다. 매일매일 같이 있고 싶어합니다. 그런 A가 그에게 전화했습니다.

"오늘 만날 수 있어? 너무 보고싶어."

"응, 만날 수 있어. 하지만 오래는 못 있을 것 같아."

"그래도 좋아. 잠깐이라도 만날 수만 있으면 되니까."

"응, 나도 잠깐이라도 좋아. 만날 수만 있다면."

눈치채셨나요? A는 무리한 요구는 하지 않습니다. 왜 오래 같이 있을 수 없는지, 그 이유를 묻거나 하지 않습니다. 너무 좋아하는 그를 믿기 때문입니다. 함께 보낼 수 있을 때는 언제나 함께 할 사람이라고 믿고 있기 때문입니다. 그런데 그게 불가능하다면 분명한 이유가 있을 거라고 그의 입장을 이해하기 때문입니다.

A가 "만나고 싶다"고 말하는 것은 어리광입니다. 그는 "만날 수 있어"라는 대답으로 그녀의 어리광을 받아줍니다. 연인 사이라면 모든 걸 잊고 둘이서만 여유 있는 시간을 보내고 싶은 것이 당연하지만 각자 일이 있기 때문에 서로가

가능한 범위 안에서 받아주고 있습니다. 이런 어리광이라면 서로가 부담이 되는 일은 없습니다.

B의 경우는 차이가 있습니다. 함께 살펴봅시다. B는 자신의 연인이 너무 좋아서 어쩔 줄을 모릅니다. 매일 같이 붙어 있고 싶어하고 그가 자기만을 바라봐주기를 바랍니다. B도 그에게 전화를 했습니다.

"자기, 오늘도 만날 수 있어? 지금 당장 만나고 싶어."

"만날 수는 있는데 지금 당장은 무리야."

"왜? 난 지금 보고 싶은데!"

"그럼 어떻게든 가능한 한 빨리 갈게. 하지만 그리 오래 같이 있을 수는 없어."

"싫어! 빨리 와. 그리고 계속 같이 있어줘!"

"중요한 일이 있어서 그래."

"왜! 무슨 일인데? 나보다 중요한 일이 있어?"

B는 무리한 요구를 하고 있습니다. 왜 당장 만날 수 없는

지, 왜 오래 같이 있지 못하는지, 그 이유를 추궁하고 있습니다. 좋아한다면 신뢰해야 할 그를 신뢰하지 못하기 때문입니다. 더욱이 일이 바쁘거나 선약이 있어도 이해해주려는 생각 없이 자신의 감정만 앞세우고 있습니다.

상대방이 무리를 해서까지 만나려고 하는 마음에도 만족하지 못하는 B의 태도는 지나친 응석입니다. 그가 아무리 무리를 해서 요구에 응해주었다 해도 B는 계속해서 더 요구할 것이고 끝끝내 만족하지 못할 응석받이입니다.

이런 응석은 아무리 해도 다 받아줄 수는 없습니다. 혹 상대방이 계속 무리를 해서 받아주려고 한다면 그는 자기 자신을 지탱하지 못하게 될 것입니다. 부담을 견디지 못하게 될 것입니다. 그런 두 사람의 미래는 어떻게 될까요.

몸을 기대고, 손을 맞잡고, 마음을 나누는 것은 분명 사랑의 표현입니다. 하지만 상대방에게 들러붙어 한시도 떨어지지 않으려는 것은 상대방에게 부담을 주는 것입니다. 과연 서로에게 도움이 되는 사랑일까요?

인생은
내 두 다리로 걸어가는 것

아무리 내 옆에 운명적인 사랑이 있더라도, 그것이 영원한 것 같더라도 나는 내 두 다리로 삶을 걸어갈 수 있어야 합니다. 힘든 순간에는 서로 의지하더라도 보통은 씩씩하게 각자의 다리로, 각자의 삶을 걸어가야 합니다. 그러니 옆에 누가 있건 없건 혼자 설 수 있기를 바랍니다. 혼자서 제대로 설 수 없는 사람은 어떻게든 누군가에게 기댑니다. 들러붙습니다. 부담이 되고 맙니다. 매달립니다. 요구해서 받고, 또 요구해서 받고……. 하지만 아무리 받아도 계속해서 요구하지 않고는 못 배깁니다.

혼자 설 수 있는 사람은 어느 정도 서로 다가가도 상대방에게 일방적으로 기대지 않습니다. 껴안는 일은 있어도 매달리지는 않습니다. 상대방에게 받은 것에는 항상 만족하고, 만족하기 때문에 고맙다고 말할 수 있습니다. 그것이 현명한 어리광입니다. 이것은 부부 사이나 가족 또는 친구 관계에서도 마찬가지입니다.

상대에게 "오늘은 누구와 만나? 어디 가? 뭐 할 거야? 몇 시에 들어올 거야?" 하고 캐묻거나 모든 행동을 다 알려고 하거나 떨어져 있을 때 마음이 놓이지 않는다면, 그 관계에 지나치게 의존하고 있는 겁니다. 상대가 이것도 해주지 않는다, 저것도 해주지 않는다고 늘 불평과 요구만을 늘어놓는 것은 견디기 힘든 응석받이라고 생각합니다.

현명한 사람이라면 "오늘 하루 어땠어?"라고 간단하게 물어볼 것입니다. 상대가 피곤해서 미주알고주알 모두 얘기해주지는 않을지 모릅니다. 그러면 "오늘 어땠는지 듣고 싶어" 하고 애교를 섞어 말해보는 것입니다. 집착하거나 떼를 쓰거나 계속 응석만 부린다면 결국 서로 지치고 맙니다.

'이 순간'만은
상대방을 위해 쓴다

'슬프다, 외롭다, 마음이 아프다'고 말하며 웅크리고 있는 사람. 그래요, 마침 실연한 Y 같은 사람이 옆에 있다고 가정했을 때 당신이라면 어떻게 하겠습니까? 울고 있는 Y를 끌어안고 힘내라고 토닥여주겠습니까? 다 울고 난 다음에는 일으켜주고 함께 걸어가겠습니까? 진정으로 그 사람을 아낀다면 그렇게 해선 안 됩니다. 다쳤거나 움직이지 못할 병에 걸렸다면 몰라도 응석부리는 병에 걸린 사람에게는 그러지 않는 것이 좋습니다.

저라면 이렇게 하겠습니다. 슬픔이나 외로움에는 진심으로 마음을 열고 귀를 기울일 겁니다. 하지만 같이 울거나 연민에 동조해주지는 않겠습니다. 이러한 슬픔이나 외로움은 같이 울어준들 아무 소용이 없기 때문입니다. 이야기를 듣고 맞장구는 쳐줄 겁니다. 그러면서 필요한 만큼 한동안 귀를 기울여주는 것은 정말 중요한 일이라고 생각합니다.

눈물은 좀 닦아줄지도 모르겠습니다. 하지만 좀 닦아준 다음에는 손수건을 건네 본인 손에 맡길 겁니다. 그다음은 본인이 머지않아 꿋꿋이 자신의 힘으로 일어날 것을 믿고 곁에 있어줄 겁니다. 제게 안겨 운다면 어깨를 껴안아주겠습니다. 하지만 붙잡아 일으켜주지는 않을 겁니다. 스스로 일어나기를 기다릴 겁니다.

일어서면 그다음은 본인이 스스로 걸어 나가야 할 길입니다. 얼마 동안은 함께 걸을지 모르겠지만 똑바로 걸을 수있게 되면 떨어져서 따스한 눈길로 바라봐 주겠습니다. 저는 이것이 어리광을 받아주는 것이라고 생각합니다. 지칠만큼 응석 부리는 사람은 어느 정도 받아주는 걸로는 만족하지 않을지도 모릅니다. 하지만 양쪽 다 성인이라면 그 이상은 해서는 안 됩니다. 둘 다 불행해질지도 모르니까요.

　부모와 자식인 경우는 다릅니다. 부모와 자식처럼 보호하고 보호받는 관계에서는 응석 부리는 병을 치료하기 위해 실컷 어리광을 부리게 하는 것도 필요합니다. 다만 계속해서 지나친 응석을 받아주는 한 그 병은 치료할 수 없습니다.

　어리광을 잘 받아주는 요령은 단 하나, 마음을 여는 것입니다. 더 이상 응석 부리지 않도록 하기 위해서도 마음을 완전히 여는 것이 요령입니다. 그리고 섣불리 손을 내밀지 말 것. 상대방의 요구에 마음은 열어도 상대방이 원하는 것 이상으로 손을 내밀지는 말아야 합니다.

　그러니까 언제든지 마음을 열고 있다가 가슴으로 뛰어들었을 때는 끌어안는 겁니다. 손을 잡아온다면 꼭 쥐어줍니다. 자식이든 친구든 모두에게 똑같이 하세요.

　그때 중요한 것은, 껴안을 때도 손을 쥘 때도 그 순간을 완전하게 하나도 남김없이 상대방을 위해 쓰는 것입니다. 아무리 바쁠 때라도 다른 일은 완전히 잊고 상대방을 받아들이는 것만 생각하는 겁니다. 신기하게도, 아니 어쩌면 지극히 당연한 일이지만 완전하게 제대로 받아들이면 그 시간은 결코 길게 느껴지지 않습니다.

　사람은 누구나 심술꾸러기입니다. 저도 그렇습니다. 어리광을 부리고 있는데 상대방이 왠지 건성으로 받아주면 언제까지고 질질 끌게 됩니다. 오히려 불만이 더 커져서 등을 돌리고 맙니다. 하지만 성의껏 어리광을 받아주면 대부분 한순간으로 만족하게 됩니다.

사랑받고 싶은 마음이
사랑을 떠나게 할 수 있다

누군가를 좋아한다면 독차지하고 싶은 건 당연한 감정일까요? 사람은 부부 사이에서, 연인 사이에서, 아주 친한 친구 사이에서 또 상사와 부하처럼 일로 맺어진 관계에서까지 질투를 느낄 때가 있습니다. 그건 분명 당연한, 너무도 인간적인 감정일지도 모르지만 어쨌든 정도의 문제겠지요. 질투심에 사로잡혀 결국 실수를 저지르면 아무래도 소외당하고 말 것입니다.

　사랑을 받고 싶어하기 때문에 생기는 질투임에 틀림없는

데 그 때문에 소중한 사랑을 하나씩 잃게 될지도 모릅니다. 그러니까 자기 안에서 질투가 요동칠 것 같으면 진정시키는 게 좋습니다. 진정시키는 요령을 알아두는 게 좋겠지요.

질투심을 진정시키는 요령이라면 보이지 않는 장면을 탐색하지 않는 것과 상대방의 마음속을 탐색하지 않는 것, 이 두 가지만 지키면 됩니다. 바꾸어 말하면 그 시간에 그곳에 있는 상대방을 소중히 여길 것, 그 시간에 마음 써주는 것에 감사할 것, 그것뿐입니다.

어떨 때 보이지 않는 장면을 탐색하게 될까요. 불안을 느꼈을 때이겠지요. 그 사람이 자기가 없는 데서는 자기를 잊고 지내는 게 아닐까, 보이지 않는 곳에서는 자기보다 다른 누구와 더 친하게 지내는 것은 아닐까, 그런 불안을 느낄 때 말이죠.

마음속을 탐색하는 것도 마찬가지입니다. 보이지도 않는 상대방의 마음속 구석구석을 장악할 수 없다는 것에 불안을 느끼기 때문이겠지요.

돈이 있는 사람이나 자기보다 행복해 보이는 사람, 자기보다 매력적인 사람 등에게 질투를 느끼는 것은 자신과 상대방을 비교하기 때문입니다. 그것 역시 자기 자신에게 불안이나 불만을 느끼고 있기 때문입니다. 그런 질투심에 사로잡히는 것은 매우 손해입니다.

저는 사람과 사람과의 만남이란 정말 평생 단 한 번의 기회라고 느끼고 있습니다. 단 한 번의 만남을 소중히 생각하는 사람이고 싶습니다. 그러니까 그 순간에 그곳에 있는 그 사람만을 생각하며 사귑니다. 나에게 보이지 않을 때의 그 사람은 내가 상관할 바가 아니라고 생각합니다. 그러니까 생각하지 않습니다. 탐색하지 않습니다.

이것은 남편에게도 마찬가지입니다. 지금 나에게 연인이 있다고 해도 그렇게 하겠습니다. 더구나 다른 누군가의 행복이나 풍요로움과 자신의 그것을 비교하거나 하진 않습니다. 그 시간 그 자리에서 그때 나름대로 만족되는 제 마음을 소중하게 생각하기 때문입니다. 누구와 똑같이 만족하거나 누구 이상으로 만족하기를 바라거나 하지 않습니다. 그런 걸 바란다면 언제나 그때 나름대로 만족할 제 마음을 잃어버리고 말 것이기 때문입니다.

이런 게 방편일까요? 핑계 좋은 일시적 위안일까요? 그렇지 않습니다. 질투심이란 건 자기 힘으로는 안 되는 것을 제멋대로 어떻게든 하고 싶어하는 마음입니다. 그렇다면 평생한 번밖에 못 볼 사람이라고 여기는 것이 효과가 있습니다. 그 순간 자기와 함께 있는 그 사람을 바라보는 수밖에 없을 것입니다. 다른 누군가와 비교하지 말고 자신에게 주어진 것에 감사하는 수밖에 없을 것입니다.

남편이 해외에서 근무중인 M이 말했습니다.

"걱정해봤자 소용없는걸. 그러니까 생각하지 않아. 그가 돌아왔을 때 그때의 그가 나를 소중하게 생각해주면 그걸로 충분해. 그 이상의 것은 내가 어떻게 할 수 있는 일이 아니야. 혹 그쪽에 애인을 만들어두었을지도 모른다든가 나보다 더 사치스런 생활을 하고 있을지도 모른다든가 그런 식으로 생각하기 시작하면 끝이 없잖아. 그러니까 생각 안 해. 탐색도 하지 않아. 이렇게 생각하게 되기까지는 정말 지옥이 따로 없었지."

이건 슬픈 지혜일까요? 남편에게 배신당하지 않으려면 그녀는 더 탐색해야 좋을까요? 아닙니다. 그녀의 생각하지 않는다, 탐색하지 않는다는 판단은 매우 훌륭한, 멋지고 지혜로운 판단입니다.

그녀가 그런 것을 탐색해서 질투에 불타면 그는 그녀를 사랑하는 마음을 잃게 될지도 모릅니다. 하지만 그녀가 탐색하지 않고 또 질투에 사로잡히지 않고 지내고 있으면 필시 그의 마음은 그녀를 계속 사랑할 것입니다. 그래도 사랑하지 않게 된다면 그때 무슨 일이 일어났든 일어나지 않았든 상관없이 어차피 벌어질 일이었던 것입니다.

질투는 긍정적 에너지가 없습니다. 질투가 최종적으로 발휘하는 힘은 어디까지나 부정적일 수밖에 없습니다. 그렇다면 질투의 원인이 되는 불안과 탐색, 자신을 남과 비교하는 습관 따위는 과감하게 버리는 것이 이득 아닐까요?

자기를 사랑할 수 있는 사람이
사랑받는다

쓸데없는 불안감에 휩싸이지 않고, 탐색을 하지 않고 지낼 수 있게 된다는 것은 어쩌면 매우 어려운 일인지도 모릅니다. 해보면 별것 아니지만 해보기 전에는 매우 어렵게 생각되는 일인지도 모릅니다.

"그건 무리야! 질투를 전혀 하지 않고 살 수 있다니 말도 안 돼!"

바로 얼마 전에도 응석받이 K는 그렇게 말했습니다. K는 성의 있는 남편에게도 만족하지 못하고 남편 이외에 애인을 만들었습니다만 여전히 만족하지 못한 채 괴로워하고 있는 여성입니다. 자신이야말로 심한 질투의 대상이 될 만한 나날을 보내면서 상대의 마음은 무시한 채 남편에게도 애인에게도 끊임없는 질투로 이글거리고 있습니다.

K가 그녀의 남편과 같은 마음이 될 수 있다면 좋을 텐데요. 그녀의 남편은 그녀의 일상을 탐색하지 않습니다. 그와 마찬가지로 그녀도 지금 자기 앞에 있는 그 상대방만을 소중히 할 수 있다면, 보이지 않는 곳에서 일어나는 일에 대한 불안을 떨쳐버릴 수 있다면 그녀가 질투로 괴로워하는 일은 없어질 것입니다. 마음이 안정되어 진정한 사랑을 풍요롭게 키울 수 있게 될 것입니다.

일찍이 질투의 화신이었던 S 또한 너무나 남편을 구속하고 탐색한 나머지 사랑을 잃고 말았습니다. 이혼을 당한 것입니다. 하지만 이혼 후 고독 속에서 견딜 수 없는 슬픔에 빠져 지내던 S는 한 가지 중요한 사실을 깨우쳤습니다. 불안에 쫓겨 탐색하는 것은 상대방뿐 아니라 자신도 깊이 상처 입히는 일이며 아무런 이득이 되지 않는다는 것을요.

그 후 재혼한 그녀는 남편을 전혀 탐색하지 않는 아내가 되었습니다. 덕분에 매우 안정된, 부러울 정도로 풍요로운 나날을 보내고 있습니다.

사람과의 거리를 잘 유지하는 사랑, 기분 좋게 부탁하고 부탁을 들어줄 줄 아는 사랑, 호의를 잘 표현할 줄 아는 사랑, 분명하게 자기 주장을 할 수 있는 사랑, 어리광 부리고 어리광 받아주기를 잘하는 사랑, 그리고 질투를 진정시킬 줄 아는 자기에 대한 사랑은 모두 하나의 샘에서 솟아나오는 사랑인 것입니다. 그 샘은 누구의 마음에나 있습니다. 아직 보이지 않는다면 숨어 있는 겁니다.

당신이 이미 그 사랑의 샘을 발견한 사람이라면 진심으로 축하합니다. 어떤 사람과 사랑하든 언제나 풍요롭게 그리고 언제까지라도 그 사랑을 키울 수 있기 때문입니다. 자기를 누구보다 소중히 사랑할 수 있기 때문입니다. 그런 당신은 모든 이에게 사랑받을 것이기 때문입니다.

4장

◇

인생을 무지갯빛으로 물들이는 법

바라고, 이루고,
꿈을 꾸며 설레는 하루

"큰 꿈을 가져라!"

"사람은 꿈이 있기 때문에 성장할 수 있다!"

"꿈을 향해 한결같이 걸어라!"

"아무리 힘들어도 꿈만은 버리지 마라!"

당신도 분명 '꿈을 가져라, 목표를 세워라' 하는 소리를 듣고 자랐겠지요. 하지만 꿈과 관련해 속상했던 기억이나 마음 졸인 경험도 있지 않나요?

"네 꿈은 겨우 그 정도니?"

"꿈이 너무 큰 거 아니야? 분수를 알아야지."

그런가 하면 어느새 꿈을 버리라고 강요당하는 경우도 있지 않았습니까?

"그런 꿈같은 소리만 하다니. 현실을 더 직시해!"

"꿈이란 건 어차피 꿈일 뿐이야. 이루어질 리가 없지."

"넌 허구한 날 꿈 타령이냐? 현실과 너무 동떨어져 있잖아."

"꿈 타령 작작하고 그만 포기하는 게 어떠니?"

정말이지 사람들은 제멋대로입니다. 꿈을 가지라고도 하고, 남의 꿈에 값을 매기기도 하고, 종국에는 꿈을 포기하게 만들려고도 합니다. 저는 이런 것을 생각하면 화가 납니다.

꿈이란 소중한 것입니다. 어쩌면 당신의 행복을 위해 가장 소중한 것인지도 모르는데 꿈을 무시하고 싶어하는 사람이 의외로 많습니다. 부탁입니다. 그런 사람들이 하는 말에 동조하거나 동요되지 마세요. 당신의 꿈은 당신의 꿈. 마음속에 꿈을 그리는 것을 멈추지 마세요. 어떤 꿈이든 괜찮습니다. 부모든 형제든 다른 누군가가 간섭할 일이 아닙니다. 하물며 포기하게 하려는 사람이 있다면 분명하게 항의해야 합니다.

꿈이란 건 크지 않아도 됩니다. 작아도 멋진 꿈은 얼마든지 있습니다. 꿈은 많아도 좋습니다. 욕심꾸러기처럼 꿈을 여러 개나 갖고 있다면 그건 당신이 건강하다는 증거일 겁니다. 먼 꿈도 멋지지만 가까이 있는 꿈도 소중합니다.

오늘의 꿈, 내일의 꿈, 다음 주의 꿈, 다음 달의 꿈, 내년의 꿈……. 끝없이 꿈이 거듭된다면 살아가는 하루하루가 얼마나 설렘으로 가득 찰까요?

꿈이 있어서
오늘을 살아가는 것이 즐겁다

저는 어릴 적부터 그려온 많은 꿈 중 상당 부분을 이미 실현했습니다. 그러니까 지금의 저는 실현된 많은 꿈속에서 살고 있는 것입니다. 저에게는 자랑할 만한 일입니다. 멋지지 않나요? 하지만 이것보다 더 자랑하고 싶은 것은 아직 저에게 실현하고 싶은 꿈이 많이 남아 있다는 것입니다. 지금까지의 제 경험으로 봤을 때 우라코 이론을 실천하면서 살기만 한다면 남은 꿈도 모두 실현될 겁니다.

저는 욕심쟁이라 꿈이 실현될 때마다 자꾸자꾸 새로운 꿈을 그립니다. 그러니까 무제한일지도 모릅니다. 살아 있는 한 온통 꿈으로 가득할지도 모릅니다. 그렇기 때문에 오늘을, 내일을 살아가는 것이 너무나 즐겁습니다.

지금의 나에게 가장 먼저 실현됐으면 하고 바라는 꿈은 무엇일까요. 바로 이 책의 원고를 완성하는 것입니다. 이것은 곧 실현될 꿈이겠지만요. 저는 원고의 마지막 한 줄을 다 쓰면 시원하게 샤워를 하고 오토바이를 타러 갑니다. 아주 기분 좋게 내가 가고 싶은 곳을 향해 달립니다. 저는 그 순간의 만족스러운, 행복한, 완전히 해방된 제 모습을 꿈꾸고 있기 때문에 매일 원고를 써내려가는 일을 계속할 수가 있는 겁니다.

제 꿈을 이야기했으니까 이번에는 당신의 꿈을 들려주세요. 아무리 작은 꿈이라도 멋진 꿈입니다. 부끄러워하지말고 말해주세요. 아무리 큰 꿈이라도 불가능은 없습니다.

아직 원고를 한창 쓰고 있는 중이지만 저에게는 들립니다. 이 원고가 책이 되어 그것을 읽은 여러분이 말해줄 꿈이 들려옵니다. 꿈에 대해 사람들과 나눈 이야기를 몇 가지 소개해볼까요?

　'멋진 사랑을 하는 꿈.'

　좋군요. 너무 당연한 거 아니냐구요? 그렇지 않습니다. 멋진 사랑이 실현되면 그야말로 인생에서 최고의 기쁨으로 가득 찬 나날을 보낼 수 있거든요. 너무나 풍요로운 꿈입니다.

　'아주아주 맛있는 걸 먹고 싶다.'

　그것도 훌륭한 꿈입니다. 내일도, 모레도 그리고 계속해서 당신이 하는 식사가 맛있다면 그것만으로도 정말 행복하지 않을까요?

　'경력을 쌓아 훗날 회사를 세우고 싶다.'

　열심히 하라고는 않겠습니다. 회사를 세우겠다는 꿈을 가슴속에 간직하고 있다면 이를 악물지 않아도 실현됩니다. 꿈이 실현되어 회사의 경영자가 되고 나면 사원 모두의 꿈도 키워주세요.

'쉽게 부자가 돼서 호화롭게 살고 싶다.'

그거 좋지요. 돈이 쉽게 손에 들어올수록 좋겠지요. 무리를 해서 애써 모은다 해도 내 것이 아닌 몫의 돈은 들어오지 않습니다. 또 들어오려면 싱거울 정도로 쉽게 들어오는 것이 돈입니다. 그리고 자기 마음이 풍요로워지는 사치는 결코 죄가 아닙니다.

'하늘을 날고 싶다.'

한번 날아봅시다. 패러글라이딩이라면 금방 날 수 있습니다. 행글라이더도 재미있을 것 같네요. 경비행기 면허를 딴다면 더 즐길 수 있을지도 모르겠군요. 실은 저도 패러글라이딩으로 하늘을 날아본 적이 있습니다. 기분이 너무 좋았습니다.

'맘에 드는 옷으로 옷장을 가득 채우고 싶다.'

멋내기는 매일매일 실현할 수 있는 꿈입니다. 이런 모습으로 거리를 걷고 싶다든가 이 옷을 입고 어느 멋진 장소에 가서 사진을 남기고 싶다든가……. 옷장 가득 옷이 있다면 그런 매일의 꿈도 무척 즐거워질 것 같습니다. 어쩌면 옷을 직접 디자인한다는 꿈도 추가하면 더 좋겠군요.

'어려운 사람을 돕는, 세상에 도움이 되는 일을 하고 싶다.'
남을 생각하는 마음이 있어야 가질 수 있는 꿈이네요. 소중히 키우길 바랍니다. 저도 같은 꿈을 키우고 있습니다. 당장 시작할 수 있습니다. 길을 걷다가 뭔가 어려움에 처한 사람을 보면 망설이지 말고 손을 내밀어주세요. 그런 작은 호의도 세상에 도움이 되는 일로 가는 한 걸음이니까요.

'운전 면허를 따고 싶다.'
면허를 딸 수 있는 나이라면 당장에라도 자동차 운전 학원으로 가서 접수해버립시다. 돈이 든다구요? 요즘에는 한달 정도면 딸 수 있더군요. 학생이라면 아르바이트도 하고 부모님께 도움을 받기도 하고 어떻게든 될 겁니다. 운전을 할 수 있다는 건 한 가지 자유를 얻는 것이기도 합니다. 내가 가고 싶은 곳에 언제든 갈 수 있으니까요. 자유를 얻으면 더 많은 꿈을 그릴 수 있게 되지요.

'혼자서 세계 여행을 하고 싶다.'

그건 제 꿈이기도 합니다. 지금 하는 일이 너무 즐겁기는 하지만 일을 일단락 지을 수 있을 때가 오면 꼭 실현할 겁니다. 멋질 거예요. 처음 가본 나라의 거리를 걸어다닌다니. 당신과 저 어딘가에서 만나게 될지도 모르겠군요.

'좋은 대학에 들어가고 싶다.'

초조해하지 말고 너무 무리하지 않는다면 괜찮습니다. 분명히 이루어질 겁니다. 중요한 건 세상 사람들이 말하는 좋은 대학이 아니라 '자신에게 좋은 대학'을 선택하는 것입니다. 그게 가능하다면 가장 멋질 겁니다. 그리고 또 하나 중요한 것은 대학을 졸업한 후의 꿈을 잊지 말 것. 당연하죠? 이후의 꿈을 실현하기 위해 공부하는 거니까요.

'좋은 회사에 취직하고 싶다.'

취업난이라고 해도 꿈을 확실하게 갖고 있는 사람이라면 반드시 좋은 회사에 취직할 수 있습니다. 당신에게 어울리는 회사, 당신의 능력을 최대한 살릴 수 있는 직종, 훗날 당신의 보물이 될 경험을 쌓을 수 있는 직장. 당신의 꿈은 반드시 이루어질 겁니다.

'따뜻하고 즐거운 가정을 만들고 싶다.'

분명 세상에서 많은 사람이 실현하고 있는 꿈이지요. 하지만 결코 잊어선 안 되는 꿈입니다. 저도 일단은 실현했지만 아직 실현이 끝난 것은 아닙니다. 가정이란 건 늘 변해가니까요. 완성이란 없을지도 모릅니다. 단지 넉넉한 사랑으로 모이는 가족은 늘 따뜻하고 즐겁게 보낼 수 있습니다. 그렇다면 따뜻하고 즐거운 가정은 당신 마음속에서 실현된다는 것이겠지요.

꿈은 어떤 꿈이든 멋지다는 것, 크든 작든 가깝든 멀든 누가 뭐래도 자기 꿈은 멋지고 소중하다는 걸 알았으면 합니다. 가끔은 "내겐 꿈 따위는 없어"라고 말하는 사람도 있습니다. 하지만 그게 정말일까요? 꿈이 없는 사람이 있을까요? 자기 마음속의 꿈을 미처 모르고 있는 사람, 자기 마음속의 꿈을 가두어두고 있는 사람이라면 모르겠지만 꿈이 없는 사

람은 한 사람도 없을 겁니다. 거창해야만 꿈이 아닙니다. 당
장 내일 무언가를 먹고 싶다는 것도 꿈입니다.

　그러니 꿈이 없다는 생각이 든다면 자기 마음에게 너그
러워져야 합니다. 자기 마음의 빗장을 조금만 열어보세요.
그러면 숨어 있던 꿈이 얼굴을 내밀 수 있습니다. 갇혀 있던
꿈도 해방됩니다. 기억하세요. 사람은 꿈이 있는 편이 더 행
복하답니다.

하나의 꿈이
여러 꿈을 기른다

결론부터 말하자면 꿈을 키우는 것은 사랑입니다. 먼저 자신의 사랑, 그리고 주위 사람들의 사랑입니다. 꿈이 묘목이라면 사랑이 샘물입니다. 사랑은 다음과 같은 말을 하지 않습니다.

　"꿈보다 현실."

　"시시한 꿈."

　"실현 불가능한 꿈."

"분수를 모르는 꿈."

"끝나버린 꿈."

"꿈만으로는 살아갈 수 없다."

"꿈은 어차피 꿈일 뿐."

사랑은 이처럼 꿈을 위축시키는 따위의 말은 결코 입에
담지 않습니다. 사랑은 다음과 같은 말을 합니다.

"괜찮아, 꼭 이루어질 거야."

"멋진 꿈이구나."

"꿈을 소중히 하며 살자."

"꿈만 잃지 않는다면 살아갈 수 있어."

"자기가 가졌던 꿈을 하나씩 실현해나가는 게 인생이야."

"꿈을 갖는 데 너무 늦었다는 건 있을 수 없어."

"사람은 자기가 가진 꿈의 크기만큼 자라."

"아무리 작더라도 꿈은 멋져."

꿈의 묘목이란 때로는 놀랄 만큼 미약한 경우도 있습니

다. 그러니까 꿈의 묘목이 미약하다면 그럴수록 사랑은 한 없이 넉넉하길 바랍니다.

결혼을 약속한 연인 L과 P가 있었습니다. L은 P에게 꿈을 이야기했습니다.

"자기야, 우리만의 집을 짓자. 언덕 위에 아주 경치가 좋은 집을 짓자. 볕도 잘 들고 나중에 우리 아이가 맘껏 뛰놀 수 있는 그런 집. 큰 개를 키울 수 있는 집. 꼭 짓자."

하지만 P군은 그녀의 꿈을 그대로 받아들일 수 없습니다. 아무리 상상이라도 터무니없게 느껴졌달까요.

"무리 아닐까. 괜찮은 아파트라면 몰라도 주택은 자신 없는 걸. 게다가 경치도 좋고 넓은 정원을 가진 집이라니. 우리 수입으론 무리야."

그래도 L은 꿈을 버리고 싶지 않았습니다. 결혼하고 나서도 늘 꿈을 이야기했습니다. 그때마다 부정적인 말밖에 하지 않는 P였습니다. 확고한 꿈을 그리던 L이라도 묘목을 혼자서 기를 수는 없었습니다. 언제부턴가 묘목의 잎은 퇴색하고, 윤기를 잃고 말았습니다.

P는 일도 잘하고 성격도 밝은데 왠지 돈과 관련한 일에는 태도가 소극적이었습니다. 그 원인에 대해 자세히 설명하지는 않겠습니다. 어쨌든 저는 그런 P을 상담하며 이런 말을 해주었습니다.

"꿈은 아무리 크게 보여도 계속 가지고 있으면 반드시 실현되는 거야."

자신의 장래를 과소 평가하는 버릇이 있는 P는 처음에는 제 이야기를 거부했습니다.

"하지만 현실을 보면……."

현실은 분명 잊어서는 안 되지만 얽매이지는 않는 게 좋습니다. 현실이란 건 꿈을 뒤따라오는 것인데 현실에만 사로잡혀 있으면 꿈을 따라갈 수 없기 때문입니다.

몇 개월이나 걸렸습니다. 조금씩 제 이야기를 받아들이게 된 P는 정말로 몇 가지 꿈이 실현되는 경험을 했습니다. 예를 들면 예전에는 카탈로그를 보고 한숨만 쉬던 자동차를 사겠다는 꿈을 가졌더니 그것이 어렵지 않게 실현된 겁니다. P가 어떤 차를 보고 "이 차 사고 싶다"라고 말하자 L은 생긋 웃으며 대답했답니다.

"그 정도 차는 당장에라도 살 수 있잖아."

정말일까? 할부를 해야 하지만 지금 P의 수입으로는 그렇게 벅찬 금액은 아니었습니다. 그렇게 차를 산 뒤에 P는 조금 변했습니다. 분명 현실은 꿈 뒤에 따라온다는 것을 실감했기 때문입니다. 그는 '더욱더 자신의 능력을 살릴 수 있는 일'도 꿈꾸었습니다. 그 꿈도 곧 실현되었습니다. 수입도 전보다 훨씬 좋아졌습니다.

L이 그리던 꿈의 묘목이 생기를 되찾은 것은 그때부터였

습니다. P가 그 꿈에 대해 먼저 이야기하기 시작했거든요.

"네가 꿈꾸는 그 집, 곧 지을 수 있는 날이 올지도 모르겠어"

라고 P가 말한 날부터 L은 그와 진지하게 그 집에 대해 상의했습니다. 몇 개월 동안 이야기를 나누다 보니 두 사람 모두 가능하다고 생각하기 시작했습니다.

둘이서 토지를 보러 다니다가 여기가 좋겠다는 생각이 드는 토지를 보자 돈 문제가 현실적으로 와닿았습니다. 하지만 처음엔 막연하게만 생각됐던 예산이 구체적으로 정해지고 조금씩 마련할 길이 생겼습니다.

두 사람이 결혼한 지 7년, L이 그리던 꿈은 현실이 되었습니다. 언덕 위 경치가 아주 좋은 집, 아이가 마음껏 뛰어놀 수 있는 넓은 정원이 펼쳐져 있었습니다.

"내가 한 일이라면 아내의 꿈, 그 묘목에 함께 물을 준 것 뿐이에요……."

크게 자란 꿈이 한 가지 실현되어 두 사람은 그다음 꿈을 가졌습니다.

"바다가 보이는 언덕에 기분 좋은 바람을 느낄 수 있는 별장을 짓자."

"너무 좋겠다. 무슨 색 페인트를 칠할까?"

두 사람은 집을 짓기 위해 그간 모은 돈을 몽땅 써버린 상태였습니다. 하지만 '짓자. 지을 수 있어' 하고 생각합니다. 그러니까 언젠가 반드시 지을 수 있을 겁니다.

재미있지요. 한 가지 꿈을 그리면 그 꿈을 이루어가는 동안 많은 꿈이 나타납니다. 한 가지 꿈이 많은 꿈을 자라게 할 수 있다는 것입니다. 그 하나하나를 눈앞의 것부터 실현해 나가면 언젠가 모두 실현됩니다. 꿈은 일이라는 현실까지도 풍요롭게 연출하는 것인지도 모르겠다고 두 사람은 말합니다. 정말 그런 것 같습니다.

행복하려고 결심한 만큼
행복해진다

꿈을 실현하기 위해 '필사적으로 노력하자'며 매일을 갈아넣을 필요는 없습니다. 필사의 노력도 반드시 필요한 때가 있지만 노력이란 꿈 뒤에 따라오는 현실의 일부에 지나지 않습니다. 노력 없이도 꿈을 실현할 수 있다는 말이 이상한가요? 고통을 참아내는 노력이 없다면 꿈의 실현이라는 결과가 있을 리 없다고 생각하십니까?

그렇지 않습니다. 노력 같은 건 굳이 말할 것까지도 없다고 생각합니다. 사람은 자기가 그린 꿈을 실현하는 과정에서 겪는 힘든 일을 자기도 모르게 극복해냅니다. 노력은 그 일들을 자기도 모르게 극복해내는 모습을 남이 봤을 때 하는 말이지요. 애써 각오하는 것도 아니고 더구나 다른 누군가에게 강요하고 질타하는 것도 아닙니다.

꿈을 실현하기 위해 중요한 것은 뭐니뭐니해도 이미지입니다. 상상하는 것이죠. 실현된 장면을 머릿속에 그리며 거기에 자기 모습을 놓아보는 것입니다. 단지 그뿐입니다.

믿고 믿지 않고는 당신의 자유예요. 하지만 억울하지 않습니까? 실현 가능하다고 믿기만 하면 될 것을 그것조차 하지 않아서 실현되지 않는 겁니다. 상상하면 실현된다는 우라코 이론이 거짓이라 해도 시험해봐서 손해볼 것은 없습니다.

거짓이라면 어쨌든 꿈은 꿈인 채로 끝날 테죠. 거짓이 아니라면 상상한 사람은 실현하고 그렇지 않은 사람은 꿈인 채로 끝나버릴 테죠. 그렇다면 당신도 지금 바로 당신의 마음속을 들여다보세요. 그리고 일단 이루고 싶은 것을 꺼내보세요. 그러고나서 다음의 ①부터 ⑦에 정리한 대로 하기만 하면 됩니다.

① 편안한 자세로 앉으세요. 위를 보고 똑바로 누워도 괜찮습니다.

② 눈을 감으세요.

③ 어깨의 힘을 뺍니다. 목, 팔, 등, 다리의 힘도 뺍니다.

④ '기분이 좋다. 아주 편안한 기분이다'라고 자기암시를 합니다. 아무리 바빠도 또 뭔가 걱정거리나 고민이 있더라도 그런 것은 다 잊어버립니다. 편안하고 느긋하게 생각하세요.

⑤ 마음이 편안해지면 꿈을 마음속으로 가능한 한 구체적으로 그리세요. 그 꿈이 실현되어 매우 만족스럽고 행복해하고 있는 자신의 모습도 상상하세요.

⑥ 부정적인 생각이나 실현하기까지의 고난 등이 떠오를 것 같을 때는 즉시 떨쳐버립시다. 그 반대로 "분명히 실현된다. 괜찮아"라는 말만을 반복하세요.

⑦ 실현되기까지의 구체적인 방법이나 과정 같은 건 전혀 생각할 필요 없습니다. 그저 실현됐을 때를 상상할 뿐. 이것을 기회가 있을 때마다 여러 번 반복합시다.

이렇게 한 번 하는 데 걸리는 시간은 고작 5분 정도입니다. 전철 안에서 또는 공부나 일하는 틈틈이 언제라도 할 수 있는 일입니다. 속는 셈 치고 반복해보세요. 점점 더 빠르게 온몸의 힘을 빼고 긴장 상태에서 벗어날 수 있게 됩니다. 편안하고 상쾌한 기분도 점점 능숙하게 체험할 수 있게 됩니다. 부정적인 잡념도 노련하게 떨쳐버릴 수 있게 됩니다.

성과를 빨리 실감하고 싶으면 당신이 가진 꿈 중 약간 실현하기 어려울 것 같은 꿈부터 시작해보세요. 단, 너무 먼 장래의 꿈보다는 시간적으로 가까운 꿈을 반복해서 머릿속에 그려보는 겁니다.

그것만 가능하다면 장담합니다. 자기도 놀랄 만큼 싱겁고 자연스럽게, 문득 정신을 차렸을 때는 이미 실현돼 있을 겁니다. 이 과정에서 어디까지나 의심하지 말고 자기 마음을 향해 항상 "할 수 있다. 괜찮다"고 주문을 걸기만 하면 됩니다.

그다음은 쓸데없는 걱정 따위는 하지 말고 애써 견디려고 하지도 말고, 평소의 자기 모습 그대로 할 수 있는 만큼 하면서 지내는 겁니다. 실현되면 다음에는 또 다른 꿈, 누군가에게 얘기하면 그런 건 무리라고 할 만한 꿈을 그려봅시다.

여기까지 설명했는데 그래도 의심하는 사람이 있다면 저는 그런 사람까지 설득하고 싶지는 않습니다. 행복해지는 것도 행복해지지 못하는 것도 모두 각자의 선택이기 때문입니다. 자기를 행복하게 하는 것은 자기 마음. 자기를 행복하게 하지 않는 것도 자기 마음. 운명을 바꾸어가는 것은 실은 자기 마음에 달렸습니다.

믿음이 있는 당신, 자신을 의심하지 않는 당신이라면 어떤 꿈이든 반드시 실현시킬 것입니다. 이론적으로 생각하면 도저히 실현될 것 같지 않은 꿈이라도 당신이 믿기만 하면 언젠가 반드시 어느 때에 실현되는 것입니다. 미국 대통령이었던 링컨도 말했습니다. 사람은 행복해지려고 결심한 만큼 행복해진다고 말입니다.

혼자서도
잘 지낼 수 있는 사람이 되자

늘 연인이 곁에 있는 사람이 있었습니다. 그것도 만날 때마다 다른 사람과 함께였습니다.

"넌 인기가 많아서 행복하겠구나."

주변 사람들의 부러움을 사기도 했지요. 그러나 본인은 전혀 행복하지 않습니다.

"누군가를 만날 때마다 이 사람이라면 괜찮다, 정말 서로 사랑할 수 있겠다고 생각하지만 항상 아닌 거예요. 몇 번 만나는 사이에 '이 사람은 아니다' 하는 생각이 강해져서 결국 오래 가지 못해요. 사랑이라고 하기에는 모두 너무 허무한 관계뿐이었어요……."

또 한 유형의 사람, 항상 최선을 다해서 상대방을 사랑하지만 결국은 버림받는다는 사람이 있습니다.

"그 사람 참 나쁘다! 너처럼 헌신적인 애인을 버리다니."

버림받을 때마다 그렇게 말해주는 친구도 있습니다. 하지만 이제는 '혹시 버림받는 이유가 나한테 문제가 있어서일지 몰라' 하는 생각이 든다는 것입니다. 저는 두 사람 모두에게 같은 충고를 했습니다.

"연인 없이 한동안 혼자서 지내보세요."

두 사람 다 그런 충고를 받아들여 실행해주었습니다. 늘 곁에 연인이 있었던 사람은 혼자 지낸 지 1년 정도 지났을 즈음 아주 멋진 사람을 만났습니다. 그 사람과는 3년이 지난 지금도 계속 사귀고 있습니다.

"결혼까지 골인할 수 있을지는 모르지만 지금의 사랑이 진정한 것이라면 이전의 것들은 사랑이 아니라 단지 일시적인 것이었는지 모르겠어요."

그동안의 사랑을 일시적이었던 것으로 비하할 필요는 없지만 그런 면이 없잖아 있었는지도 모르겠습니다.

또 다른 쪽, 버림받기만 하던 사람은 혼자 지내는 것은 둘째 치고 더 이상 실연 당하는 일따위는 진저리 난다고 생각했기 때문일까요. 3년 가까이 애인 없이 지냈습니다. 그리고 '한 번 더 실연을 당해도 견딜 수 있다'는 생각이 들 때쯤 사랑을 하게 되었고 그 사람과 눈깜짝할 사이에 결혼해버렸습니다. 그로부터 수년이 지난 지금도 아주 사이좋게 잘 살고 있습니다.

"이 사람이라면 나를 버리지 않을 거다. 나도 더 이상 버림받을 사람이 아니다. 만나서 바로 그렇게 확신했어요. 한눈에 평생을 함께 할 상대라는 것을 알아봤죠."

저도 그렇게 생각합니다. 사랑에 빠지는 데 시간은 필요 없습니다. 진정한 사랑은 그런 식으로 갑자기 찾아오기도 하니까요.

진정한 사랑을 만나기 위해서 꼭 필요한 준비는 혼자서도 잘 지낼 수 있는 사람이 되는 것입니다. 사랑은 외로움이나 고독을 메우는 것이 아닙니다. 외로움과 고독에 지쳐 그만 사랑 비슷한 교제를 시작하면 길든 짧든 결국은 더 큰 상처만 입게 됩니다.

그런 의미에서 사랑은 모순입니다. 외로움에서 헤어나오지 못하는 사람은 진정한 사랑을 할 수 없습니다. 외로움과 고독을 완전히 그것도 무리 없이 받아들일 수 있게 된 사람만이 진정한 사랑을 알아봅니다. 그 사랑을 통해 마음속 깊이 자리한 외로움과 고독을 치유받을 수 있는 것입니다.

앞에서 이야기한 두 사람 모두 외로움을 잘 타는 성향이었습니다. 누군가가 옆에 있어 주지 않으면 살아 있는 게 외로워서 견딜 수 없는 사람들이었습니다. 제가 두 사람에게 똑같은 충고를 했던 이유를 아시겠지요? 혼자서 당당히 살아갈 수 있다는 것이 진정한 사랑을 만나기 위한 절대 조건이기 때문입니다.

여기까지 읽어온 당신에게는 이미 필요 없는 설명인지 모르겠지만 혼자서 살아갈 수 있는가, 없는가는 꼭 경제적인 문제만 말하는 것이 아닙니다. 부모님과 함께 살고 있다고 해도 자기의 외로움과 고독을 받아들이지 못하는 사람도 많습니다. 어디에 있든 자립심을 가지고 살아가는 것, 그것이 중요합니다. 자기 혼자 있는 시간, 자기 혼자 사는 즐거움도 소중히 하는 것, 단지 그뿐입니다. 혼자서도 잘 지내는 사람이 되어야 합니다.

성숙한 관계는
마음에 보물을 남긴다

처음 사랑을 할 무렵 E는 너무나 기뻤습니다. '그 사람만큼 자기를 사랑해줄 사람은 없다, 자기만큼 그를 사랑해줄 여자도 없다, 둘은 운명의 만남이다'라고 확신하고 있었으니까요. 둘은 매일매일 만나고 어딜 가든 꼭 붙어 있었습니다. 그런데도 시간이 지나자 그녀는 외로움과 고독으로 괴로워지기 시작했습니다.

"그와 함께 보내는 시간은 마치 천국에 있는 것 같아요.

하지만 그와 헤어진 순간부터 다시 만날 때까지는 지옥 같아요. 마음이 불안해 견딜 수가 없어요."

당신도 경험이 있겠지만 사랑은 사랑 나름대로 안정되는 시기가 있지 않습니까? 분명 서로 사랑을 키우고 있지만 각자 혼자 있는 시간을 갖게 되기도 합니다. E의 사랑도 그럴 시기가 된 것입니다.

그녀가 만나는 남자는 혼자서도 잘 지낼 수 있는 사람이었습니다. 자기 혼자만의 시간을 소중히 하면서 둘이 함께 있는 시간도 소중히 여깁니다. 그런 교제를 할 수 있는 남자였습니다. 다시 말해 외로움과 고독에 휘둘리는 남자는 아니었다는 것입니다. 그런 그에게 E는 불만을 느꼈습니다. E는 늘 그에게 불만을 토로했습니다.

"나만 당신을 보고 싶어하는 것 같아."

만나지 못하는 날이면 전화를 걸어서 떼를 썼습니다. 한 가지 다행이었던 것은 그가 매우 너그러운 마음의 소유자

였다는 것입니다. 그는 떼를 쓰는 E에게 늘 이렇게 말했습니다.

"나도 보고 싶어. 열심히 일하면서 잘 지내다가 주말에 재미있게 보내자."

그가 현명한 태도로 응석을 잘 받아준 덕분에 E의 마음은 몇 개의 험한 파도를 넘은 끝에 결국 안정되었습니다. 그럼과 동시에 자기 혼자서 잘 지내는 방법을 모색하기 시작한 것입니다.

"나 운전 면허라도 따려고 학원 등록했어."
"좋은 생각이야. 한 번 해봐."

그렇게 운전 면허 학원에 다니면서부터 E의 마음에는 조금씩 변화가 일어났습니다. 그의 존재를 완전히 잊고 있는 시간이 점차 늘어나게 된 것입니다.

"저한테 그에 대해 아무 생각도 하지 않고 지낼 수 있는 시간, 그런 시간이 생겼다는 건 무척 신선했어요. 그가 없어도 괜찮다는 생각이 들게 되자 만나지 못할 때도 잘 지낼 수 있게 되었죠."

면허를 따고 나서는 더욱 그랬습니다.

"혼자서 먼 곳까지 드라이브한다는 게 아주 묘한 만족감이 있잖아요. 모르는 곳을 혼자서 달리고 있다. 고독하지만 마음은 매우 안정되어 있다. 멀리에 나를 사랑해주는 사람, 나를 생각해주는 사람이 있다는 길 생각하면 가슴이 찡해진다, 왠지 그의 목소리가 듣고 싶어져 전화하면 잠시 이야기를 주고받은 것만으로도 서로의 유대를 실감한다…… 그런 거요. 과장일지 몰라도 그런 때 있지 않나요?"

저도 혼자서 오토바이를 타고 달릴 때 똑같은 기분을 맛보았습니다. 그리고 혼자서 본 경치, 혼자서 맛본 감동을 남편과 나눌 때 만큼 서로 간의 유대를 느끼고 만족스러울 때는 없습니다. E의 사랑은 이렇게 새로운, 보다 깊은 영역에 까지 진입한 것입니다. 드디어 사랑이 성숙하게 된 거지요. 하지만 이 사랑은 결혼에 골인하지 못한 채 끝이 납니다.

그가 독일로 근무지를 옮기게 되었을 때 그는 청혼을 했 습니다.

"같이 가고 싶었어요. 하지만 도저히 결혼 결심은 서질 않더라구요."

며칠 동안 울며 생각한 끝에 E는 독일에 따라가지 않기 로 결심했습니다. 그렇다고 해서 그 단계에서 그와 헤어질 생각은 아니었습니다. 언젠가 그가 돌아오면 그때는 결혼할 지도 모른다, 그전에 자기가 독일로 가게 될지도 모른다, 그 런 가능성을 염두에 두면서도 뭔가가 변하기 시작하고 있다 는 것을 애써 모른 척하고 있었습니다.

그가 독일로 떠나고 3개월이 지났을 무렵부터 두 사람

이 주고받던 전화나 편지는 점차 줄기 시작했습니다. 그쪽이 어땠는지는 모르겠습니다. 하지만 E에게 새로운 사랑이 시작된 건 아니었습니다. 그녀 입장에서는 그저 자연스럽게 그가 멀어져간 것 뿐이었습니다.

"그 사람에게 편지를 썼어요. 그에게 고마웠던 일, 정말 사랑했던 일……. 하지만 왜 헤어지기로 결정했는지 그 마음을 완전하게 설명할 수는 없었어요……."

사랑에 빠지는 데 설명할 수 있는 이유가 있을까요? 없습니다. 그렇다면 사랑이 끝날 때도 설명할 수 있는 이유 같은 건 없습니다.

"그도 차분한 내용의 답장을 보내주었어요. 저는 답장을 받고 며칠 동안이나 울었습니다. 그걸로 완전히 끝난 거죠. 서로 정말 진심으로 사랑했다고 생각해요. 지금도 왜 헤어질 마음을 먹었었는지 저 자신도 확실히는 모르겠어요. 그도 분명 그랬을 겁니다. 하지만 두 사람 다 매우 자연스러운

과정으로 받아들일 수 있었어요. 그것만은 틀림없다고 생각

해요."

　　진정한 사랑이라면 그 관계가 끝나도 서로의 마음 안에

큰 보물을 남깁니다. 혼자서 살아갈 수 있는 사람끼리라면

서로를 나무라거나 원망하는 일이 없기 때문이죠. 그리고

그 경험으로 다음 사랑은 더 성숙하게 이끌어 나갈 수 있습

니다.

고마움은
언제까지나 잊지 않는다

무슨 일이든 어느 누구의 도움도 받지 않고 스스로 처리할 수 있다면 편할 것 같지 않습니까? 마음이 편하겠지요. 주위의 누군가와 복잡하게 관계를 가질 필요도 없고 자기 한 사람의 책임으로 혼자 살아갈 수 있으니까요. 아주 편할 것 같습니다. 하지만 세상은 그럴 수가 없으니까 귀찮은 겁니다. 혼자라는 외로움을 견딜 수 있거나 혼자 생활하는 것이 더 편하다고 생각하는 사람이라도 모든 일을 자기 혼자 처리할 수는 없습니다.

로빈슨 크루소처럼 무인도에서 혼자 지내는 방법도 있지만 그건 인간 사회와는 인연을 끊는다는 것을 의미합니다. 인간으로서 살아간다는 것은 서로가 도움을 청하고 도움을 받고 서로 의지하며 지내는 것을 의미하는 것이니까요. 누군가를 귀찮게 하거나 폐를 끼치지 않고는 살아갈 수 없다면 그게 잘못된 걸까요? 아닙니다. 결국 서로 돕고 살 수밖에 없는 이 세상에서 서로 기분 좋게 부탁하는 법을 배운다면 훨씬 수월하겠지요.

에이로쿠스케라는 사람이 쓴 ≪살아 있다는 것은≫이라는 제목의 글을 소개하고 싶습니다.

살아 있다는 것은 누군가에게 빚을 지는 것

살아간다는 것은 그 빚을 갚아가는 것

누군가에게 빚을지면 누군가에게 갚자

누군가에게 그렇게 받은 것처럼

누군가에게 그렇게 베풀자

살아간다는 것은 누군가와 손을 잡는 것

잡은 손의 온기를 잊지 않는 것

만나서 서로 사랑하고 훗날 헤어지는 날

그 시간을 후회하지 않도록

오늘을, 내일을 살자

사람은 혼자서는 살아갈 수 없어

아무도 혼자서는 걸어갈 수 없어

산다는 것은 누군가를 귀찮게 하기도 하고 폐를 끼치기도 하는 것입니다. 멋지게 산다는 것은 누군가에게 받은 것을 누군가에게 갚아가는 것입니다. 어차피 도움을 받을 거라면 무엇을 부탁하더라도 기분 좋게 부탁할 줄 아는 당신이 되길 바랍니다.

그 요령 또한 간단합니다. 남이 무언가를 해주면 그것이 매우 고마운 일이라는 것을 잊지만 않으면 됩니다. 고맙다는 마음을 잊지 않는다는 것은, 남을 성가시게 하는 일, 폐를 끼치는 일, 도움을 받는 일이 매우 소중하다는 사실을 기억한다는 것입니다. 바꾸어 말하면 세상에 남에게 받아서 당연한 것은 하나도 없다는 것이죠.

어머니가 늘 당연한 것처럼 식사를 준비해주는 것도 고마운 일이고, 부모님이 어릴 적부터 지금까지 여러모로 노심초사하신 것도, 멀리 있는 친구가 안부 전화를 해주는 것도, 잘 모르는 사람이 생긋 웃어주는 것도 정말 고마운 일입니다. 내가 부탁한 적 없는 일을 상대방이 해줬을 때도 무척 고맙잖아요. 내가 부탁한 일이라면 훨씬 더 고맙게 느껴지겠지요.

정중하게 부탁했음에도 불구하고 만일 거절당한다면 당신은 화를 내십니까? 그러지 않겠지요? 부탁을 들어준다면 고마운 일이지만 거절당했다고 해도 불평할 일은 아닙니다.

모든 것은
누군가의 덕분

당신은 집 안 청소를 하십니까? 안 한다면 누군가가 하겠지
요. 가족 중 누구일까요? 그렇다면 기쁘지 않나요? 고맙다
고 생각지 않습니까? 생각해보세요. 당신이 깨끗한 집에서
기분 좋게 지낼 수 있는 건 그 누군가의 덕분 아닌가요? 청
소는 꽤 손이 가는 일이니까 때로는 지저분한 것이 눈에 띌
때도 있을 겁니다. 그럴 땐 어떻게 하시나요? 무엇을 느끼시
나요?

"청소를 해도 꼭 대충한다니까!"

이렇게 불평하십니까? 제 지인의 이야기를 들려드리겠습니다. 최근 그 친구의 마음은 불만투성이였습니다. 깔끔한 성격이었던 그는 집 어딘가에 먼지가 조금이라도 쌓여 있으면 거슬려했습니다. 세면기가 더러운 것도 싫어하고, 거울에 물때가 살짝 끼려는 것도 맘에 들어하지 않았습니다. 한마디로 불평이 이만저만이 아니었습니다. 집 안을 청결히 하는 일은 당연히 아내가 해야 한다고 생각하고 있는데 제대로 되지 않았기 때문입니다.

그런 불만이 쌓여 있으면 사소한 일로 싸움이 되곤 합니다. 싸움 끝에 관계가 삐걱거리면 서로의 모든 것이 불만스러워지기도 합니다. 악순환이지요. 그에게 저는 '모든 것은 누군가의 덕분이다'라고 생각해보라고 권했습니다.

아내가 애써준 덕분에 맛있는 밥을 먹고, 아내가 애써준 덕분에 따뜻한 물을 받아놓은 욕조에서 쉴 수 있으며, 아내가 애써준 덕분에 포근하고 뽀송뽀송한 이불에서 잠잘 수 있으며, 아내가 애써준 덕분에 깨끗하고 구김 없는 옷을 입고 출근할 수 있었습니다. 아내가 애써준 덕분에 편한 부분이 많았습니다. 먼지나 욕실의 물때 같은 건 작은 부분이었지요.

"역시 먼지나 지저분한 것을 거슬려하는 건 나 자신이고 그게 아내 책임이 아니라 나 사진의 문제라는 걸 알았어요. 그러니까 지저분한 게 눈에 띄면 직접 치우면 되는 거죠."

그도 거기까지는 이론적으로 이해가 갔습니다. 하지만 이론적으로는 알았어도 바로 행동으로 옮기기는 어려웠습니다.

"어느 날 면도를 하다가 세면기가 지저분하다고 느껴졌습니다. 그냥 면도하던 김에 세면기를 닦아보았죠. 따로 시간을 낸 게 아니기 때문에 별로 시간은 걸리지 않더군요. 청소를 하니 아주 깨끗해졌습니다. 기분이 좋아져서 거울도 닦아보았습니다. 그리고 내 기분을 좋게 하는 데 굳이 누군가를 성가시게 하지 않아도 된다는 걸 알았어요."

그때부터 그는 거울이 더러운 것 같으면 닦고 먼지 쌓인 것이 거슬리면 치우는 등 직접 했답니다. 때로는 한 곳만 치우려고 했다가 여기저기 확대되어 본격적인 청소가 되는 일도 있었다고 합니다. 하지만 그에게는 해야 할 다른 일도 있고 취미도 있었습니다. 거슬려도 시간이 없어서 할 수 없을 때도 있지요. 그 순간, 아내도 마찬가지라는 생각에 닿은 것입니다.

"그럴 때는 지저분한 것에 대해 신경 쓰지 않기로 했어요. 좀 지저분해도 실생활에 별 문제는 없으니까요."

가족 누군가가 알레르기 질환을 앓거나 한다면 먼지는 큰 문제일 것입니다. 하지만 그런 경우가 아니라면 청소가 깨끗이 되어 있는지 그렇지 않은지는 기분 문제일 뿐이라는 생각도 듭니다. 자, 포인트는 이것입니다.

"직접 청소를 해보니 알았어요. 아내는 그 나름대로 자기에게 거슬리는 부분을 제대로 청소했겠지요. 서로 거슬리는 부분이 달랐을 뿐입니다. 그걸 알고나니 제 생각이 짧았다는 걸 깨달았습니다. 내가 보기에는 대충이라도 열심히 해주고 있는 건 고마운 일이라고 절실히 느꼈죠. 덕분에 누군가에게 뭔가 해달라고 부탁할 때의 기분이 완전히 달라졌습니다."

차가 마시고 싶으면 우선은 자기가 직접 차를 준비하는 것이 당연합니다. 내가 직접 해보면 어쩌다가 누군가가 준비해준 차 한 잔이 정말 고마울 것입니다. 마음으로부터 고맙다고 생각하기 때문에 아주 가식 없이 고맙다는 말도 나오겠지요.

그러면 차를 준비한 사람도 기분이 좋아질 테고 다음에 부탁을 받으면 또 기분 좋게 준비해주려고 생각하지 않을까요. 또한 차 한 잔 갖다준 것뿐인데 진심으로 고맙다는 말을 들은 쪽은 다음에도 당신을 위해 무언가를 해줄 것입니다. 그렇게 고마운 마음을 주고받을 수 있게 되는 겁니다.

사람이 살다 보면 여러 상황에 맞닥뜨리게 됩니다. 상대방에게 매우 큰 부담이 될 무언가를 부탁해야만 하는 경우도 있습니다. 그러니까 더더욱 감사하는 마음을 잊지 말고 살아야 하는 것입니다. 원래는 혼자 힘으로 해결해야 할 일을 남이 도와준다면 얼마나 고맙습니까? 그 마음을 잊지 않고 산다면 당신 주위의 모든 사람이 결코 귀찮아하지 않고 당신을 위해 움직여줄 것입니다.

서로를 돕는 마음이
곧 서로를 사랑하는 마음

더 이상 설명이 필요 없을 것 같군요. 기분 좋게 부탁할 줄 아는 당신이라면 도움을 받았을 때의 고마움을 잘 알고 있을 테니까요. 그러면 누군가에게 부탁을 받았을 때 너무 무리가 아니라면 무슨 일이든 기분 좋게 도와주고 싶은 생각이 들 것입니다.

하지만 부탁받은 일에 대해서 무리를 하면서까지 들어주려고 하는 건 지양해야 합니다. 왜냐면 누구든 가장 소중한 것은 자신이니까요. 자신을 스스로 잘 지탱할 수 없는 사람은 남에게 도움을 줄 수 없습니다. 자신에게 무리가 되는 일을 차마 거절하지 못해 받아들이면 자칫 자신을 지탱할 수 없게 됩니다. 그러면 자기에게 부탁한 사람을 원망하는 마음이 남게 될 수 있습니다. 자기 자신에 대한 자신감이나 신뢰감이 흔들리게 될지도 모릅니다.

따라서 무리하지 않는 게 좋습니다. 무리하지 않고도 가능한 일이라면 기꺼이 돕고 싶은 마음이 생기겠지요.

"저기요, 저 좀 도와주세요. 저를 위해서 이것 좀 해주시겠어요?"

그런 말로 무언가를 부탁해오는 사람은 좀 달리 보면 당신에게 어리광을 부리고 있는 것입니다. 어리광을 부린다는 것은 사랑을 원하고 있다는 의미입니다. 이럴 때 부탁받은 일에 바로 기분 좋게 응할 수 있는 사람은 사랑을 아끼지 않는 사람이라는 겁니다.

"실은 내가 해야 할 일인데 좀 힘들어서. 그러니까 좀 대신 해줄 수 있을까?"

"그래, 좋아. 해줄게."

기분 좋은 대화지요. 서로 간에 넉넉한 사랑이 오가고 있습니다.

"항상 내가 하잖아! 가끔은 네가 좀 해줘!"

"웃기지마. 본인 일은 본인이 직접 해."

부탁하는 쪽은 지나치게 응석을 부리고 있고 받는 쪽은 사랑을 아까워하고 있습니다. 씁쓸한 뒷맛이 남지요. 서로 조금만 신중하게 대화를 주고받는다면 결과는 어떻든 좋은 이미지로 남을 텐데, 부탁할 줄 모르는 사람과 도와줄 줄 모르는 사람 사이에서는 이렇게 되기 쉽습니다. 같은 경우라도 다음과 같이 할 수 있으면 됩니다.

"좀 부탁하고 싶은 게 있어. 이거 평소에는 내가 하는 일인데 네가 대신 해주면 고맙겠는데."

"미안. 나도 돕고 싶은데 좀 어려울 것 같아. 힘들겠지만 네가 할 수 없을까?"

"그래? 그럼 좀 대충하게 될지 모르겠지만 내가 해볼게."

"그래. 일단은 해봐. 나중에 도울 수 있으면 도와줄게."

가정에서도 친구 사이에서도 직장에서도 늘 이런 대화가 오간다면 기분 상하는 일 같은 건 전혀 없지 않을까요? 거절하든 받아들이든 분명히 사랑이 작용하니까요. 부탁을 잘 들어준다는 것은 사랑을 아끼지 않는다는 의미입니다. 기분 좋게 부탁할 줄 아는 것도 사랑이 풍부해야 가능합니다.

"차 마실래?"

"어머, 좋아. 고마워."

"잘 마셨어. 찻잔은 내가 씻을게."

"그래주면 너무 고맙지. 그럼 부탁해."

아무리 힘든 부탁이라도 차 한 잔과 마찬가지입니다. 가능하다면 기분 좋게 들어주려고 생각합니다. 만일 무리한 일이라면, 도저히 불가능할 것 같다면 분명하게 미안하다는 말과 함께 거절해야 합니다. 분명하게 거절하는 것은 바로 자신을 소중히 하는 사랑이며, 자신을 소중히 하는 사랑은 그대로 주위의 모두를 소중히 여기는 사랑입니다.

기분 좋게 부탁할 줄 아는 사람이 부탁도 기분 좋게 잘 들어줍니다. 부탁을 잘 들어주는 사람이 거절도 기분 좋게 할 줄 압니다. 부탁하고 부탁받는 일은 사랑을 주고받는 일과 다름없다는 것을 기억해주세요.

동경의
대상이 된다는 것

동경의 대상이 되는 사람은 결국 누군가를 계속 동경해온 사람입니다. 동경의 대상처럼 되고 싶다는 마음으로 노력하고 성장해온 사람입니다. 마침내 꿈꾸던 그 모습을 실현해낸 사람이지요. 동경의 효과란 놀랍습니다.

이렇게 동경의 대상이 되기 위해서는 먼저 누군가를 동경할 수 있어야 합니다. 그리고 자기가 동경하는 누군가를 늘 염두에 두어야 합니다. 저렇게 멋있고 훌륭한 사람이 될 수 없다고 생각해서는 절대 안 됩니다. 지금은 아직 먼 존재

더라도 언젠가 꼭 그렇게 될 수 있다는 꿈을 분명히 그려보
는 것입니다.

　동경하는 누군가와 같은 옷을 입는 것도 효과적입니다.
비슷한 화장을 하거나 비슷한 말투로 말해보는 것도 효과적
입니다. 사람은 외면을 배우고나서 내면을 배우는 일도 있
으니까요. 우선 흉내 낼 수 있는 것을 모두 흉내 내보는 것도
방법입니다.

　어릴 때 오페라 가수 마리아 칼라스를 동경해서 마리아
칼라스의 노래만 흉내내 불렀던 소녀는 오페라 가수로 성장
했습니다. 음대에 합격한 뒤 본고장인 이탈리아로 건너가
공부하더니 이탈리아 음악가와 결혼, 이탈리아에 완전히 뿌
리를 내리고 오페라 가수로 활약하고 있습니다. 얼마 전에
그녀는 이런 말을 했습니다.

　"지금도 마리아 칼라스를 너무 좋아해요. 세계 최고잖아
요. 오페라 가수가 되고 난 지금은 그녀를 동경하던 꿈이 실
현된 것이 너무 기쁘답니다."

저는 그런 그녀를 동경하게 되었습니다. 덕분에 저도 노래 교실에 다니고 있습니다. 노래에는 정말 소질이 없던 제가 선생님의 피아노에 맞춰, 또 노래방의 마이크를 잡고 신나서 노래하게 된 것은 그녀를 동경했던 덕분입니다.

이렇게 우리는 어렸을 때부터 참 많은 사람을 동경해왔습니다. 담임 선생님을 동경했을 수도 있고, 근처에 살고 있는 언니나 오빠를 동경하기도 했겠지요. 물론 당신보다 조금 어린 누군가가 당신을 동경했던 일도 분명히 있을 것입니다. 어른이 되고 나서도 마찬가지입니다. 누군가의 장점을 보고 그 사람처럼 되고 싶다는 동경을 품곤 하지요.

문득 생각해보면 지금의 자신은 일찍이 동경하던 누군가와 같은 모습으로 살고 있는 경우도 있습니다. 그런 일은 의외로 소홀히 하고 있지 않습니까. 모처럼 동경하던 누군가와 비슷하게 살고 있거나 뭔가를 달성했는데 그런 자신을 과소평가하고 있다거나 전혀 칭찬해주지 않는다거나. 그건 손해입니다.

동경의 대상이 되기 위해서는 자신을 정확히 평가하고, 지신이 자랑할 만한 부분에 긍지를 갖는 것도 매우 중요합니다. 항상 세련된 차림으로 경쾌하게 걷고 있는 그런 당신을 저라면 동경하겠습니다. 분명 당신이 미처 생각하지 못한 곳에서 당신을 동경하는 시선을 보내고 있는 사람이 많이 있을 것입니다. 무슨 일이든 솜씨 있게 처리하는 당신이라면 모든 일에 서투른 저 같은 사람들이 매우 동경할 것입니다. 자기 의지대로 여유 있게 대처할 줄 아는 당신이라면 그냥 어지럽히기만 하는 저는 매우 동경하겠습니다.

누구나 동경의 대상이 될 만한 뭔가를 가지고 있다고 생각하지 않으세요? 당신이 동경의 대상이 되기 위해 가장 중요한 것은, 자신이 갖고 있는 동경받을 만한 부분을 스스로 평가하는 일이 아닐까요?

틀림없이 그렇다고 생각합니다. 저도 이제야 알았습니다. 예전에 저는 헬멧 아래로 머리를 휘날리며 달리는 멋진 라이더를 동경했습니다. 지나고 보니 제 모습이 그 모습과 같았습니다. 제가 동경하던 멋진 라이더가 된 것입니다. 오토바이를 탈 수 있고 없고 그런 건 시시하다구요? 그렇지 않습니다. 제가 동경하던 것인걸요. 복장이든 일이든 라이프

스타일이든 무엇이든 그렇습니다.

당신이 동경하다가 끝내 달성한 무언가는 아무리 작은 일이거나 아무리 당연한 일이라도 다른 누군가의 동경의 대상이 될 자격이 충분히 있다는 것입니다.

5장

◇

행복을 끌어당기는 주문

인생을
뜻한 대로 이끄는 마술

인생은 원래 뜻대로 되지 않는 법이라고 말하는 사람이 많습니다. 하지만 저는 그렇게 생각하지 않습니다. 인생이란 분명히 자기가 뜻한 대로 전개할 수 있습니다. 인생이 뜻대로 되지 않는다고 말하는 사람은 대부분 같은 실패를 범하고 있습니다. 그들은 세상이나 주위 사람들, 즉 자기 이외의 무언가를 뜻대로 하려다가 실패한 것입니다. 어떻게 생각하시나요? 그렇다면 무엇을 뜻대로 하면 좋을까요? 방법은 아주 간단합니다. 자기 자신을 잘 컨트롤하면 모든 것이 뜻대로 됩니다.

앞에서 당신은 머릿속에 잘 그리기만 하면 어떤 꿈도 실현된다는 진리를 알았습니다. 그 진리에 따르면, 자신이 실현하고 싶은 꿈을 머릿속에 그릴 수 있는 준비만 잘 되어 있으면 모든 것은 생각대로 되는 겁니다. 세상이나 타인, 아무리 해도 자기 뜻대로 되지 않는 상대에게 쓸데없는 에너지를 낭비할 필요는 없다는 것입니다. 하지만 여기에 문제가 있습니다. 자기 자신도 뜻대로 하기가 어렵다는 것입니다. 내 마음이 내 마음 같지 않다고나 할까요.

이건 아주 중요한 문제입니다. 이미지화 한 꿈을 실현할 힘을 갖고 있는 것은 머리가 아니라 마음이거든요. 그 마음이 자기 뜻대로 되지 않는다면 꿈이고 희망이고 실현하기 어렵습니다.

마음이란 대체 무엇일까요? 마음은 뇌 속에 있을까요, 아니면 가슴에 있을까요? 마음이란 몸과는 별도의 곳에 독립적으로 존재하는 것일까요? 무언가에 불안을 느껴 두근두근하거나 침착성을 잃게 되는 것은 당신 전체 중 어디입니까? 심장입니까? 그렇다면 글자 그대로 심장이 마음일까요?

많은 사람 앞에서 발표를 하려고 할 때 우리 심장은 두근두근합니다. 머리로 아무리 "침착하자, 두려워할 필요 없다"고 설득해도 심장은 제멋대로 두근두근 방망이질을 합니다. 심장이 두근두근하는 육체적 현상과 불안이라는 것을 의식하는 머리의 활동, 이 두 가지가 교차하는 지점에 마음이라는 것이 있습니다. 머리로는 이때 긴장할 필요 없다, 침착하자고 생각하고 있는데 심장은 제멋대로 두근거리고 맙니다.

심장이 두근거리면 머리는 불안에 사로잡히지요. 머리의 불안이 피드백하면 심장은 더더욱 터질 듯 두근거립니다. 그 결과, 몸은 떨리고 머릿속은 백지가 되어 발표를 망치게 되기도 합니다.

마음이란 자기 것임에 틀림없는데 참 뜻대로 되지가 않습니다. 하지만 안심하세요. 약간의 요령만 익히면 당신은 당신의 마음을 원하는 대로 컨트롤할 수 있게 됩니다. 쓸데없는 불안에 떨거나 심하게 긴장하거나 하는 마음의 장난에 당황하는 일 같은 건 없어집니다. 불안하다가도 금방 침착하고 여유 있는 마음으로 돌아올 수 있을 겁니다.

　꿈과 희망은 그런 안정된 마음으로 이미지해야 실현되는 것, 안정된 마음이라야 인생은 뜻대로 되는 것입니다. 따라서 자기 마음을 항상 자기 뜻대로 컨트롤할 수 있는 요령이야말로 '인생을 뜻대로 이끄는 마술'입니다.

　요령은 매우 간단합니다. 하지만 익히는 방법은 상당히 다양합니다. 다음 페이지부터는 그 방법에 대해 내가 알고 있는 모든 것을 소개하겠습니다.

마음도
스트레칭이 필요하다

약간 피곤할 때 기분이 개운치 않을 때 우리는 팔을 뻗어 기지개를 켭니다. 쭉 기지개를 켜면서 훅, 숨을 내쉬고, 기지개 켰던 몸을 풀면서 숨을 들이마십니다. 잠시 책을 뒤집어 포개놓고 기지개를 켜봅시다. 어때요? 상쾌하죠? 기분도 좀 나아졌나요? 기지개를 켜면 몸을 스트레칭하는 동시에 기분, 즉 마음의 스트레칭도 되는 겁니다. 몸과 기분, 즉 몸과 마음은 긴장하거나 경직되는 것도 똑같고 스트레칭으로 이완되어 편안해지는 것도 똑같습니다.

항상 어깨 근육이 뭉쳐 있는 사람이 있습니다. 당신도 그럴지 모르겠군요. 그런 사람은 어깨가 결리는 몸의 긴장 상태 그대로 마음 역시 그러한 상태에 있을지 모릅니다. 바꾸어 말하면 마음이 자주 긴장 상태에 있는 사람, 늘 뭔가를 고민하거나 이것저것 걱정거리가 끊이질 않거나 일이 힘들다고만 생각하거나 이를 악물고 너무 애쓰고 있거나 심한 스트레스를 받아 짓눌려 있거나 하는 사람일 가능성이 큽니다. 그럼 이렇게 생각해볼 수도 있겠죠. 마음의 긴장 상태를 풀기만 한다면 어깨가 뭉치는 몸의 긴장 상태로부터도 해방될 수 있습니다.

몸과 마음이란 그렇게 양쪽이 함께 긴장하거나 해방되거나 하는 것, 서로 매우 직접적으로 영향받습니다.

이 책을 여기까지 읽어온 당신은 이미 잘 알 것입니다. 마음이란 여차할 때일수록 긴장하지 않는 편이 좋습니다. 마음이 긴장하고 있으면 제대로 되는 일이 없습니다. 뭔가 실패하거나 사고를 만나거나 아주 중요한 시점에서 일이 뜻대로 되지 않거나 하는 것은 반드시 마음이 긴장하여 몸까지 경직되어 있을 때입니다.

그러니까 인생에서 여유 있는 마음을 갖는 것이 아주 중요합니다. 혹시 당신이 늘 걱정에 시달리고 불안에 지배당하기 쉽다면 있다면 마음이 긴장 상태에 있다는 것입니다. 뭔가 걱정이나 불안의 원인이 되는 것이 있더라도 마음을 느긋하게 가질 수만 있다면 걱정의 원인도 금방 알아차리고 불안했던 일의 원인에 휘둘리는 일도 없어집니다.

그러니까 마음이 느긋하고 여유 있는 사람은 걱정이나 불안에 휘둘리거나 하지 않고 늘 무슨 일에나 적절히 대응할 수 있으며, 꿈을 이미지하여 실현하는 힘도 뛰어납니다.

마음이 긴장되었을 때 어떤 방법으로 이완시키나요? 당신 나름의 '마음의 이완법'을 몇 가지 정도 가지고 있나요? 한번 생각해보세요.

정처 없이 어슬렁어슬렁 산책하는 방법도 있습니다. 조금은 땀을 내는 조깅도 좋겠지요. 아이쇼핑 같은 것도 좋은 방법입니다. 음악을 듣거나 노래방에서 노래를 부르는 것, 악기를 연주하는 것, 테니스나 수영을 즐기는 것, 꽃이나 나무를 돌보는 것, 그냥 멍하니 있는 것, 그림 그리기, 누군가와 수다를 떠는 것, 애완 동물과 장난을 치거나, 교외로 나가 대자연의 품에 안겨보는 것도 아주 좋은 방법이지요.

마음의 이완이란 간단히 말하면 스트레스 해소법입니다.

"그렇다면 술을 마시는 것도 스트레스 해소나 마음의 이완법이겠군요."

술을 좋아하는 친구라면 기다렸다는 듯이 술을 외치겠지만 과연 어떨까요. 적당한 양을 즐기는 거라면 분명 그럴지도 모르겠습니다. 하지만 과음을 매일, 그것도 혼자서 언짢은 기분으로 마시는 거라면 절대 안 됩니다. 어쨌든 당신은 당신 나름의 마음의 이완법을 여러 가지 갖고 있을 것입니다. 과음처럼 뒤탈이 있는 것이 아니라면 어떤 방법이든 괜찮습니다.

마음의 긴장, 심신의 경직을 느낄 때마다 명심하세요. 불안이나 걱정거리, 바쁜 일에 쫓기다 보면 "그런 거 하고 있을 여유가 없다"며 마음의 이완을 잊어버리는 사람이 적지 않습니다. 하지만 불안하거나 걱정거리가 있거나 이것저것 바쁠 때일수록 마음의 이완은 필요합니다. 긴장될 때일수록 마음을 느긋하게 가지고 여유 있게 대비하기 바랍니다. 왜 그런가 하는 이유는 이제 잘 아셨겠지요. 당신의 인생을 행복으로 이끌고 모든 꿈을 실현하기 위해서입니다.

걱정과 고민이
가벼워지는 비결

아무리 시간이 없을 때라도 할 수 있는 가장 손쉬운 마음의 이완법이라면 단연 심호흡입니다. 심호흡에는 정말 놀라운 효과가 있습니다. 걱정과 고민이 쌓여 있거나 바쁜 일에 쫓겨 어수선했던 마음은 약간의 심호흡만으로도 느긋하고 여유 있게 돌아섭니다. 불안, 걱정거리, 고민, 혼란 따위는 모두 날아가버리고 마음이 꿈을 실현하는 힘도 한층 강해집니다. 지금 함께 시도해봅시다.

① 먼저 눈을 감습니다.

② 숨을 입으로 '후' 하고 내뱉습니다. "1,2,3,4⋯⋯" 하고 당신의 심장 박동 정도의 속도로 가능하면 15 이상까지 셀 동안 내뱉어주세요. 아주 천천히 내뱉는 것이 좋습니다.

③ 포인트는 제하단전에 힘을 모아 내쉬는 것입니다. 제하단전이란 배꼽 아랫부분을 말합니다. 여성이라면 자궁이 있는 위치를 생각하면 되겠지요. 몸의 중심의 깊은 곳으로부터 숨을 내쉰다는 느낌으로 하면 됩니다.

④ 내쉬는 숨은 지하 9미터의 깊이를 향해 내쉰다고 생각합시다. 지하 9미터라면 아주 상당한 깊이지요. 그 깊은 곳을 향해 자기 내면의 불안, 싫은 것, 괴로운 일, 고통스러운 일, 고민 등을 모두 완전히 내뱉어버린다는 느낌으로 해주세요.

⑤ 다 내쉬었으면 다음은 코로 공기를 잔뜩 들이마십니다. 이때는 '대자연의 공기, 대지와 우주가 가져다주는 에너지'를 마신다는 생각으로 합니다. 시원하고 신선한 힘으로 가득 찬 대기를 마신다는 느낌 말이죠. 대

도시의 한가운데서든 창문을 닫아놓은 자기 방에서든 바다나 산의 시원한 경치를 상상하면 당신의 가슴은 신선한 에너지로 가득 찹니다. 그렇게 믿고 하는 것이 중요합니다.

⑥ 이렇게 내쉬고 들이쉬기를 10회쯤 반복합니다.

10회쯤 해도 5분밖에 걸리지 않습니다. 단지 5분이라면 아무리 바쁜 일이 있어도 잠시 접어둘 수 있겠죠? 모든 것을 잊고 한 번 해봅시다. 분명 마음이 진정되었을 것입니다. 불안이나 걱정거리, 고민, 뒤숭숭함도 혹은 화나거나 짜증나는 일 등, 객관적인 상황은 심호흡을 하기 전과 아무것도 변하지 않았지만 마음에 여유가 생겼을 것입니다.

이것이 심호흡의 마력입니다. 심호흡을 하기 전에는 "어떡하지……, 정말 큰일이다"라든지 "그 사람을 절대 용서할 수 없어!"라는 생각을 멈출 수 없었다면 이제는 잘 될 것 같은, 침착하게 대처할 수 있을 것 같은 생각이 들 것입니다. 이 기분의 변화가 중요합니다. 기분이 변했다는 것은 정말 침착하게 대처할 수 있게 되었다는 의미입니다. 이제 복잡

한 이런저런 일들의 원인은 해소된 것과 다름없다고 생각해
도 됩니다.

　심호흡을 하고 난 뒤에 당신의 꿈과 희망, 바라는 일들
을 이미지화 해봅시다. 심호흡을 통해 여유가 생긴 마음에
는 굉장한 힘, 꿈을 완전히 실현시킬 수 있는 힘이 생기기 때
문이지요. 저는 항상 얘기합니다. 한숨을 쉴 바에야 심호흡
을 해보라고요. 당신 주변에도 분명 있을 테지요. "정말이지
나오는 건 한숨뿐이야……" 하는 사람 말이죠. 그런 사람이
야말로 심호흡을 해야 합니다. 한숨을 쉴 것 같은 자신, 문득
한숨을 쉬고 만 자신을 발견하면 바로 심호흡으로 바꿔버립
시다.

당신이라는
오직 한 사람을 위한 시간

한번 명상이나 요가를 해본 사람들이 꾸준히 생활화하는 이유는 뭘까요? 명상과 요가는 마음을 재충전하고 여유롭게 해줍니다.

"마음을 느긋하고 여유롭게 하면 모든 것은 뜻대로 된다."

요가든 명상이든 궁극적으로 목표로 하는 지점이 바로 이것입니다. 요가나 명상에 대해서 전문적인 경험자의 지도를 받아야만 습득할 수 있다고 알고 있나요? 실은 그렇지 않습니다. 물론 숙달된 경험자의 지도를 받는다면 빨리 향상될 수 있습니다. 하지만 혼자서 연습해도 충분한 수준으로 향상될 수 있습니다. 여기서는 그 방법, 명상의 기본을 설명하겠습니다. 참고로 요가는 명상의 일종이라고 생각해도 됩니다.

명상의 기본은 앞서 말한 심호흡입니다. 느긋하게 아주 느긋하게 시간을 들여 심호흡함으로써 호흡과 맥박을 고르는 것부터 시작합니다. 의자에 앉아서 해도 좋습니다. 따뜻한 물을 받은 욕조에 몸을 담그면서 해도 좋습니다. 침대 위나 담요 등을 깔아놓은 마루 위에 누워서 하는 것도 좋습니다. 좌선 자세도 좋겠지만요. 어떤 자세든 당신이 좋을 대로 편안하게 눈을 감고, 심호흡을 합니다. 호흡과 맥을 편안하게 진정시킵니다. 호흡과 맥이 안정되면 이미지로 들어갑시다.

먼저 자기 손발, 목, 어깨, 등, 배, 양다리를 이미지 속에서 어루만져 주세요. 이미지를 차례차례 손으로 더듬어가는 모습을 생각하면 됩니다. 자기 손으로 자기 몸의 각 부분을 돌본다는 느낌입니다. 그렇게 하면 몸 각 부분의 힘이 빠지고, 몸 전체가 기분 좋게 따뜻해집니다.

다음은 이미지를 구체화합시다. 손가락 끝에서 내장까지 몸의 부분부분의 모양을 천천히 아주 천천히 훑어가 봅시다. 혈액이 흐르고 있는 모습도 그려봅니다. 세포 하나하나에 세심하게 마음을 기울이는 느낌입니다. 당신이 호흡할 때마다, 맥박이 뛸 때마다 혈액이 운반하는 에너지나 산소가 세포 하나하나에 활력을 주고 불필요한 노폐물들이 실려 나갑니다.

아주 기분이 좋아졌을 것입니다. 자기 스스로 자기 몸을 돌보고 치유하는 것 같을 테니까요. 그 느낌을 만끽하세요. 나 자신에게 온전히 집중하고 최대한 아껴주는 것입니다. 이 과정을 여러 번 반복해도 좋습니다. 당신을 구성하는 세포, 총 60조 개나 되는 세포 하나하나를 마치 손으로 만지듯 알게 되는 순간이 옵니다. 훌륭한 명상이 되고 있는 것입니다.

당신이라는 한 사람을 우주가 감싸안고 사랑해주고 있다는 것, 우주로부터 대지로부터 받은 에너지가 충만하게 채워져 있다는 것을 정말 선명하게 실감하는 순간이 옵니다. 바로 그때 당신은 느끼게 될 것입니다.

"아, 나는 내 힘으로 살아 있는 게 아니라 나를 둘러싼 모든 것에 의해 살아지고 있는 거구나!"

자기 힘에 대한 집착이나 노력에 의해 살아 있는 것이 아니라, 자기의 힘 따위는 비교도 안 될 커다란 힘, 인간의 힘 따위는 훨씬 못 미치는 우주를 채우는 대단히 크고 풍부한 에너지의 흐름 속에서 살아지고 있다는 실감입니다. 이러한 실감은 오직 명상을 통해서만 얻을 수 있습니다. 이 실감에 휩싸일 때야말로 우리는 행복이라는 말의 의미를 제대로 알고, 삶의 에너지를 얻게 되는 것입니다.

참으로 마음이 행복해지는 책

초판 발행   2023년 10월 25일

지은이   가나모리 우라코
옮긴이   최윤아
펴낸곳   다른상상
등록번호   제399-2018-000014호
전화   02)3661-5964
팩스   02)6008-5964
전자우편   darunsangsang@naver.com

ISBN   979-11-90312-91-2 03190

잘못된 책은 바꿔 드립니다.
책값은 뒤표지에 있습니다.

독자 여러분의 책에 관한 아이디어나 원고 투고를 설레는 마음으로 기다리고 있습니다.
이메일로 간단한 개요와 취지, 연락처를 보내주세요. 독자님과 함께하겠습니다.